U0915796

■ “厦门口述历史丛书”编辑委员会

学术顾问：李启宇　何丙仲　彭一万　龚　洁　洪卜仁

主　　任：蒋先立　唐　宁

副 主 任：吴松青　陈旭辉

委　　员：戴力芳　张　晖　李　珊　林晓玲　潘　峰
肖来付　林　璐　林　彦　杨　艳　白　桦
陈亚元　龚书鑫　孙　庆　郑轰轰　叶亚莹
戴美玲

主　　编：陈仲义

副 主 编：章长城

厦门口述历史丛书 13

厦门城市职业学院云顶出版计划

主 编 陈仲义

李雅华 口述

黄俊毅 整理

石头上绣花

——影雕李雅华

厦门大学出版社
XIAMEN UNIVERSITY PRESS

国家一级出版社

全国百佳图书出版单位

图书在版编目（CIP）数据

石头上绣花：影雕李雅华 / 李雅华口述；黄俊毅整理. -- 厦门：厦门大学出版社，2023.12
（厦门口述历史丛书 / 陈仲义主编）
ISBN 978-7-5615-8918-2

Ⅰ. ①石… Ⅱ. ①李… ②黄… Ⅲ. ①李雅华-自传 Ⅳ. ①K825.72

中国版本图书馆CIP数据核字(2022)第254300号

责任编辑 韩轲轲
美术编辑 张雨秋
技术编辑 朱 楷

出版发行 厦门大学出版社
社 址 厦门市软件园二期望海路39号
邮政编码 361008
总 机 0592-2181111 0592-2181406(传真)
营销中心 0592-2184458 0592-2181365
网 址 http://www.xmupress.com
邮 箱 xmup@xmupress.com
印 刷 厦门市金凯龙包装科技有限公司

开本 889 mm×1 194 mm 1/32
印张 7.875
插页 4
字数 185千字
版次 2023年12月第1版
印次 2023年12月第1次印刷
定价 68.00元

本书如有印装质量问题请直接寄承印厂调换

厦门大学出版社
微信二维码

厦门大学出版社
微博二维码

父亲李走生高浮雕作品《祥龙》,1974年应台湾星云法师邀请创作,一尊陈列于台湾佛光寺,一尊陈列于厦门惠和石文化园

李雅华继承父业,于2009年创建厦门惠和石文化园(系福建省文化产业示范基地和非物质文化遗产生产性保护示范基地)

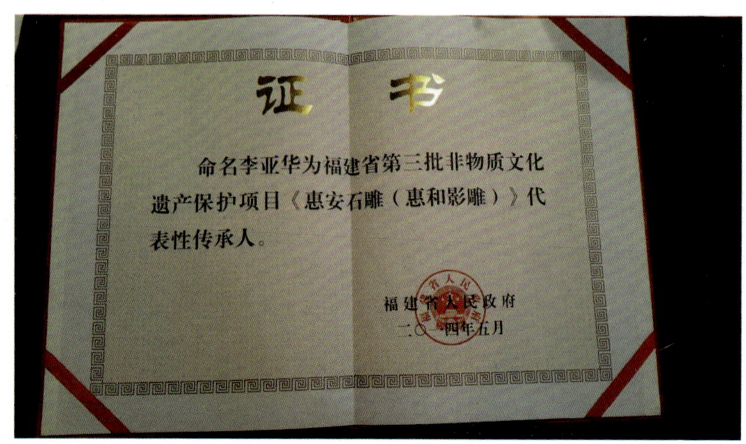

2014 年，李雅华（李亚华）被认定为福建省非物质文化遗产保护项目代表性传承人

2021 年，惠安石雕（影雕）入选第五批国家级非物质文化遗产代表性项目名录

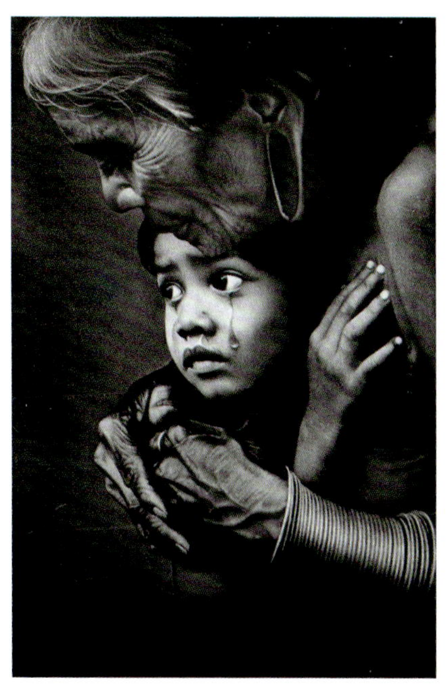

李雅华黑白影雕作品《盼》(2016),获福建省第九届百花文艺奖三等奖

李雅华彩色影雕作品《琴岛夜韵》(2021),为福建省美术馆收藏

李雅华与徒弟江爱红，在金砖国家领导人第九次会晤期间展演

李雅华指导儿子戴毅安（厦门市市级非物质文化遗产代表性传承人）学习影雕技艺

总序一

因城而生 跨界融合

唐 宁

历史如浩瀚烟海，古今兴替，尽扼其间。鹭岛厦门在千年史籍里沧桑起伏，远古时为白鹭栖所，先秦时属百越之地，而后区划辗转由同安县至南安县至泉州府，又至嘉禾里、中左所、思明州，道光年间正式开埠，光绪年间鼓浪屿成“万国租界”。1949 年 9 月，厦门始为福建省辖市，逢今正与新中国同庆七十华诞。

七十年风云巨变，四十载改革开放，厦门始终走在发展的前列。厦门的经济建设者和文化传承者在这片热土上播洒了无数血汗，书写了特区建设可歌可泣的恢宏篇章，他们的事迹镌刻在厦门历史的丰碑之上。在有册可循的文字记载之外，尚有不少重要的人与事如沧海遗珠，未及缀补。

借此，厦门城市职业学院秉持“因城而生，为市则活”的办学信念，不仅通过专业建设主动对接厦门现代产业体系的需求，为厦门经济建设输送大量高素质技术技能人才，同时也通过多样性文化研究平台的建设，主动担当传承厦门优秀文化的使命。其中，由本校陈仲义教授领衔，汇聚校内英才、兼纳厦门名士，成立的“厦门口述历史研究中心”，多年来致力于借助口述历史的形式，采集、整理那些即将消失的厦门城市记忆和历史“声音”，成就了一批如“厦门口述历史丛书”这样的重要成果。

卡尔·雅斯贝斯（Karl Jaspers）说：“对人们而言历史是回忆，因为人们曾从那里生活过来，对那些历史的回忆便构成了人们自身的基本成分”，“人生而有涯，只能通过时代的变迁才能领悟到永恒，因此只有研究历史才是达到永恒的唯一途径”。从这个意义看，口述历史正是文字历史的多元融合形式，二者融合可以实现对文字历史的“补缺、参错、续无”之功。

厦门城市职业学院跨界组建口述历史研究团队，在对厦门城市历史的修撰补充中，通过跨界与融合，使厦门经济建设与文化传承的脉络更加清晰，使人们对过去时代的领悟更加深刻，从而使未来的发展更加稳健。陈寅恪先生说：“在历史中求史识。”而历史的叙写过程何尝不亦为史识的求证过程？历史告诉我们，发展才是硬道理；历史的叙写过程告诉我们，跨界、融合，才是通向卓越发展的道路。这正契合了厦门城市职业学院的办学理念：育人为本，跨界融合，服务需求，追求卓越！

陈仲义同志是与厦门城市职业学院一起成长的专家、教授，长期以来笔耕不辍，著作等身，受人景仰，在中国诗歌评论领域建树丰硕。祝愿他带领的新的团队，为厦门地方文化建设，踔厉奋发，再续前页。

2019年8月

总序二

盾构在隧道里缓缓推进

陈仲义

2015年暑期，奉命筹建口述历史研究中心，定位于承传厦门本土文化遗产，“口述”珍贵的人文历史记忆，涉及厦门名门望族、特区建设人才、侨界精英、闽南非物质文化遗产，以及原住民、老知青、老街区等题材的采集、整理、研究工作。

以为组织一干人马，并非什么难事。物色人选，各就各位；遴选题材、规范体例、包干到户，如此等等，便可点火升帆。然而，一进轨道，方知险情叵测。这些年来，“双建”(建设国家级示范性院校、省级文明院校)目标之重如大山压顶，团队成员几近分身无术、疲于奔命。先后有三位骨干因教学、家庭问题退出，一时风雨飘摇。面对变故，我们也只好以微笑、宽容、“理解之同情”，调整策略，放缓速度，增补兵源。

开工之后，“事故”依然不断：明明笃定选中的题材，因事主“反悔”，说服无效而眼睁睁地看着泡汤；顺风顺水进行一半，因家族隐私、成员分歧，差点夭折；时不时碰上绕不过去的“空白”节点，非填补不可，但采撷多日，颗粒无收，只好眼巴巴地在那儿搁浅，“坐以待毙”;碰上重复而重要的素材不想放弃,只能在角度、语料、照片上做大幅度调整、删减,枉费不少工夫;原本以为是个富矿,开采下去,却愈见贫瘠,最后不得不在尴尬中选择终止……诸如此类的困扰大大拖了后腿。好在团队成员初心不变,辑志协力,按既定目标,深一脚浅一脚缓缓而行。

团队从原来7人发展到10多人。校内10人来自中文、社会、旅游、轨道交通、图书馆、办公室等6个专业与部门。除本人外,皆清一色“70后”“80后”,正值“当打之年”。校外7人,分属7个单位,基本上属古稀花甲。如此“忘年交”配对,没有出现“代沟”,反倒成全了本团队的一个特色。

团队阵容尚属“可观”:正高2位、副高8位、讲师2位。其中硕士4位、博士3位。梯队结构合理,科研氛围融洽。特别是校外成员,面对经费有限,仍不计报酬,甘于奉献。

在学院领导的关怀和大力支持下,丛书终于初见规模。作为中心责任人,在选题挖掘、人员组织、关系协调、难题处理方面,虽倾心尽力,但才疏智浅,不尽如人意。如果丛书能够产生一点影响,那是团队成员群策群力的结果;如果出现明显的纰漏不足,实在是个人短板所致!

阅读丛书,恍若穿梭于担水街、九姑娘巷、八卦坪,在烟熏火燎的骑楼,喝一碗“古早茶”,再带上两个韭菜盒回家;从阁楼的樟脑箱翻晒褪色的对襟马褂,猛然间抖出残缺一角的“侨批”,勾连起南洋群岛的蕉风椰雨;提线木偶、漆线雕,连同深巷里飘出来的南音,乃至一句“天乌乌,袂落雨”的童谣,亦能从根子上触摸揉皱的心扉,抚平生活的艰辛;那些絮絮叨叨、缺牙漏嘴的个人“活捞事”,如同夜航中的小舢板,歪歪斜斜沿九龙江划到入海口。我们捡拾陈皮芝麻,将碎片化的拼缀、缝补,还原为某些令人唏嘘的真相,感受人性的光辉与弱点;也在接踵而来的跨海大桥、海底隧道、空中走廊的立体推进中，深切认领历史拐点、岁月沧桑、人心剧变如何在时代的潮涌中锻造个人的脊梁。

历史叙述，特别是宏大的历史叙述，随着主要亲历者、见证者离去，“隔代遗传”所带来的“衰减”日渐明显。而今当下，历史开始从主流、中心、精英叙事转向边际、凡俗。新地带的开垦，将迎来千千万万普通民众汇入的“小叙事”。日常、细节、互动，所集结的丰富性将填补主流人类学、历史学、社会学、地方志的“库藏”，因应出现“人人来做口述史”(唐纳德·里奇)的提倡，绝非空穴来风，而具深远意义。

口述形式，有别于严丝合缝的文献史料，也有别于步步推进的考辩理据；亲切、在场、口语化、可读性，可能更易迎合受众的“普及”，这也是它得以存在且方兴未艾的长处，怎样进一步维护其属性、增添其特性光彩呢？口述历史不到百年寿龄，其理论与实践存在诸多争论与分歧。作为基层团队，多数成员也非训练有素的史学出身，但凭着热情、毅力，凭着对原乡本土的一份挚爱，“摸着石头过河”，应该可以很快上岸。

表面上看，口述历史难度系数不大，大抵是一头讲述，一头记录。殊不知平静的湖面下藏有深渊。它其实是记忆与遗忘、精准与模糊、本然与“矫饰”、真相与“虚构”、本能与防御、认同与质疑，在“史实”与“变形”间的悄然较量，其间夹杂多少明察与暗访、反思与矫正。不入其里，焉知冷暖？

“口述性”改变了纯文献资料的唯一途径，但没有改变的依然是真实——口述史的生命。初出茅庐，许多规范尚在摸索阶段，但总体而言，第一步基本上应做到“如实照录”，亦即《汉书》所褒赞司马迁的“其文直，其事核，不虚美，不隐恶”的实录精神，而要彻底做到这一点很不容易。不仅要做到，接下来还要互证(比较、分析)，规避口述者易犯的啰唆重复、拖泥带水、到哪算哪的游击作风；而整理者的深入甄别、注释说明、旁证辅助、文献化解、在场还原、方言转换，尤其是带领学生社会实践的参与度，仍有很大的提升空间。

厦门历史文化，比起华夏九州、中原大地，确乎存在不够悠久丰厚之嫌，但与之相伴的闽南文化、华侨文化、嘉庚精神，连同入选国家级非遗名录的歌仔戏、高甲戏、南音、答嘴鼓、讲古等，各有厚植，不容小觑。中心刚刚起步，经验不足，稚嫩脆弱，许多资源有待开发，许多题材有待拓展，许多人脉有待联络，许多精英有待挖掘。如果再不努力“抢救”，就有愧于时代与后人了。

其实，厦门出版的地方历史文化书籍还是蛮多的，大到盛世书院，小至民居红砖，成套的、散装的，触目可取。但面对拥挤而易重复的题材，何以在现有基础上，深入腹地，称量而出；面对长年养成的惯性思路，何以在口述语体的风味里，力戒浅率而具沉淀之重？

编委会明白自身的长短，与其全面铺开战线，毋宁做重点突进，遂逐渐把力量集中在四个面向：百年鼓浪屿、半世纪特区、国家级非遗名录、“老三届”群体。希望在这些方面多加钻探，有所斩获。

无须钦慕鸿门高院，关键是找好自身的属地。开发历史小叙事、强化感性细部、力戒一般化访谈、提升简单化语料，咀嚼謦颏间的每一笔每一画。罗盘一经锁定，就义无反顾走到底，积跬步而不惮千里之远，滴水穿石，木锯绳断，一切贵在坚持。愿与各位同道一起，继续铢积寸累，困知勉行。

最近刚刚入住东渡狐尾山下，正值二号地铁线施工。40米深的海底隧道，隐隐传来盾构声，盾构以平均每小时一米的速度推进着，与地面轰鸣的搅拌机相唱和。俯瞰窗外白炽的工地和半掩的入口处，常常想，什么时候，它还会碰上礁岩、滑沙、塌陷和倏然涌冒出来的地下水？失眠的夜晚，心里总是默数着：一米、一米、再一米……

2019年4月

目录

第一章　我们都吃“石头饭”　/ 1

第二章　像石头一样硬　/ 30

第三章　扛着石头过河　/ 55

第四章　抱着石头，坚守一辈子　/ 94

第五章　石头上绣花　/ 136

第六章　我们眼中的她　/ 175

第七章　石隙里面出清泉　/ 206

附　录　李雅华创业、创作年表　/ 233

后　记　挑战与感恩　/ 237

第一章

我们都吃“石头饭”

“在我很小的时候，父亲就常常跟我说：我们就是吃‘石头’这碗饭的。石头饭，我呀，要吃一辈子喽！”

——李雅华

“李雅华，惠安女，一个老工匠”，如今，我很喜欢向别人这样介绍自己。

做人不能忘本，“不忘初心”才是本色。

我父亲在世的时候常说：“不能忘祖忘宗”，这句话融化在我们家文化传承的血液里。我父亲的公司叫“惠山”，我自己的公司叫“惠和”。“惠”指我们是惠安人，至于“和”字，用父亲的话说，是“家和万事兴”。

父亲他老人家，一辈子说话都像“石头”一样实在。他经常教导我：我们不要忘了我们自己的“ao lan hui la”（摇篮血迹）。这是惠安话。那时候老家没医院、没产房，生孩子不去医院，而是接生婆来家里，把孩子脐带剪完后，就放在摇篮里，自然会在摇篮里留下血迹。“摇篮血迹”的意思，就是说，我们千万不要忘了我们的祖宗，不要忘了我们从“哪里”来。

在我很小的时候，父亲就常常跟我说：我们就是吃“石头”这碗饭的。石头饭，我呀，要吃一辈子喽！哈哈！

一 崇武边上东坑村

按往年习惯，我昨天（2020年10月6日）带孩子回家乡崇武[①]。今天7号了，早上6点在海边晨跑，大海奔涌，涛声依旧。今年是神奇的一年，中秋节和国庆节在同一天。走在崇武的西沙湾[②]海滩上，念着舒婷的《惠安女子》的诗句，那一刻，我心潮澎湃：

野火在远方，远方
在你琥珀色的眼睛里
以古老部落的银饰
约束柔软的腰肢
幸福虽不可预期，但少女的梦
蒲公英一般徐徐落在海面上
啊，浪花无边无际
天生不爱倾诉苦难
并非苦难已经永远绝迹
当洞箫和琵琶在晚照中
唤醒普遍的忧伤
你把头巾一角轻轻咬在嘴里
这样优美地站在海天之间
令人忽略了：你的裸足

---

① 崇武：地处惠安县东南部沿海，东临台湾海峡，西与山霞镇连接，南隔海与石狮市祥芝镇相望，北隔海与净峰镇、小岞镇遥对。每年的中秋节、清明节或其他祭祀祖先的日子，李雅华都会回惠安。

② 西沙湾：地处惠安县崇武镇著名的崇武海滨，区内拥有2000多米长的优质沙滩，现已是著名旅游景点。

所踩过的碱滩和礁石
于是，在封面和插图中
你成为风景，成为传奇

我的家乡在崇武边上，一个小村庄，叫东坑村。我母亲娘家在大岞[①]，离东坑村大约七八公里。西沙湾海岸线绵延在两个村庄之间，大片大片的木麻黄顽强地抵御着海风的侵袭。

惠安旧俗是每逢祖辈忌日和过节，女儿都要回娘家。

那时我才五六岁，两村七八公里的距离在如今就是油门一踩的功夫，可当时连脚踏车都是奢侈品，更别说摩托车或汽车了。每次我母亲带我去外婆家，都要穿越这片木麻黄，要走整整两三个小时。从前这片蓝天碧海，还有这片茂密、坚韧的木麻黄，就是我的"人世间"。

惠安崇武是我的出生地。央视的天气预报，老有一句话——"崇武到东山沿海海面"。在"崇武古城"城头那四个字的边上，有个标识碑，赫然写着：中国·崇武东海南海气象分界线。站在那里，天气好的时候，可以望见海面上，东海和南海两种不同颜色的海水交织成画。

这个"崇武"，就是我出生的"崇武"。

崇武地理位置特殊，处在东海与南海两个海域的交界处，气候多变。但也正因如此，海鲜丰饶，而且"赫呷"[②]得很。

崇武有两大产业，石雕和渔业。石雕在崇武古城触目皆是。

---

① 大岞：惠安县崇武镇大岞村，地处东海和南海交界处，位于崇武半岛最东端，三面环海。东临台湾，南隔泉州湾与晋江、石狮相呼应，北隔海与小岞镇对峙，西面与港前村紧邻，再往西则和本镇的崇武城区和五峰村相连。"大岞"古称大岞岬，海边岬角高地之意，唐代形成村庄即以此为名。

② 赫呷：闽南语，意思是好吃。

这崇武古城，明朝时期开建，至今已有600多年了。崇武，崇武，顾名思义就是“崇尚武备”的意思。据说，当时为了防御倭寇入侵，沿海修筑众多卫所城堡，崇武古城就是其中的一座。崇武古城作为国内保护良好的“石头城”，如今已是“全国重点文物保护单位”。

崇武整个古城都用石头垒起，清一色白色花岗岩。古城里，石头雕塑，石头房子，石头寺庙，“石石在在”，是个名副其实的“石头城”。这些石头、石雕，历尽六百年沧桑，历久弥新，留下众说纷纭的历史故事。如今古城成了旅游景区，但还有许多家乡人住在这里，生活在这里，这里人间“烟火气”缭绕，“石雕之乡”风情依旧。

我们家做石雕，正是人们口中“打石头的”，而我叔叔家是“讨海的”。村庄离海直线距离不到一公里，大概就是几百米。那时的家乡，经济不流通①，惠安这地方除了产出地瓜、花生，就是鱼。

“讨小海”②就在近海，在我记忆中，那可是一道靓丽的风景啊。渔民去讨海，先要学会“看潮水”，遇上傍晚的潮水，渔民赶去撒网，渔网不用撒远，随便捞起来，哇，很多鱼，什么鱼都有。退潮时，渔民们划着舢板船把网撒下去，拉网的时候，从两侧一起拉，一侧大概六到八个人，有时候，会听见拉网的人有节奏地喊出小号子的声音，很像一首歌。

拉网的通常都是惠安女，她们两两结对，比如说六个人合一个网，白天织网，在家门口或路边，用一个竹编的梭子把破的网织好，网到鱼后按约定进行分配。拉网多在沙滩而非滩涂，惠安女各自有一条绳子绑在腰上，一个挨着一个，像拔河一样，一起用力把网从海水里往岸上拖。拉网的时候要尽量把网向下压、往里靠，顺着

---

① 经济不流通，意思是没有商品贸易，经济条件不好。

② 讨小海，即下海捕鱼。

海浪起伏的节奏才不会吃力，速度和力度也要掌握好，不然鱼群都全跑了。

拉网，一般要一两个小时，渔网由海中央渐渐向岸边收拢，两侧的惠安女全神贯注慢慢靠拢一起。收网了，你会看到一大堆鱼，各式各样，大大小小，活蹦乱跳，少许不甘心的鱼使劲挣扎着，跳蹦床一般跳得老高。渔网拖上岸后，惠安女们聚拢一起，把渔获按大小、种类分拣好，装进箩筐，随后拿到市集上卖。

拉网的惠安女穿着传统惠安服，花头巾、黄斗笠，宽松的衣服和裤子随着海风轻轻飘扬，赤脚踩着细沙，映照着晚霞。那场面，真是美极了！

近海网拖回来的都是生猛的海鲜。我们东坑村过去不到五百米的地方，还有一个叫下坑的村庄，离海更近。两村之间，有条小街，自发形成一个农村农贸市场。[①]

每次“讨小海”回来，渔民们就将自己的小海鲜一篮一篮堆放在这集市交易。交易量不大，更不做批发。因平时吃的都是地瓜、地瓜干之类，要是次日没有“配的”[②]，就来这个小街道买一两斤小海鲜，留着第二天煮酱油水，惠安人把这叫作“ke”[③]。

20 世纪 70 年代时，村里没电灯，大家都用煤油灯。整条街稀稀拉拉亮着几盏煤油灯，光线幽暗。街两旁满当当摆满了鲜鱼，啥鱼都有。各种鱼的鱼鳞在月光下金闪闪、亮晶晶。你看过会发光的带鱼吗？带鱼是没有鱼鳞的，但身上有一层银白色的物质，在月光下，闪闪发亮。哇，整条街都像是鱼身插上了电源，发着

---

① 东坑和下坑，其实就是过一条马路。初一、十五赶集的时候，大家有什么东西就来这里交易。

② 配的：闽南语，佐餐的意思，闽南人吃稀饭，经常需要煮些咸的东西佐餐，例如：肉松、咸菜、酱油水等。

③ ke：闽南语，意思是用酱油水煮鱼，但要煮到没什么酱汁。

光。每每回到家乡，走过这条街区，眼前就会像电影银幕般亮起这一幕。

往日重现，我又一次回到六七岁那年，我站在街头，讶异于这如电亦如幻的景象。

今天从妹妹家（李亚玉）打了饭，拎在竹篮里，拿回家给秀秀（女儿戴秀慈）吃。妹妹家离我家很近，一路拎着竹篮，一路回想着童年往事。那时我们很穷，但凡煮点稀饭啊、面线啊，或者祖先忌日，家里去市场“打一斤肉”①，煮一些荤菜，就觉得幸福无比。

家乡人在我眼中，本性始终是淳朴、善良，知足常乐。

我们的老厝在惠安东坑村的东边，上下邻居大概十来户。那时不管家里“煮咸的、煮淡的”②，逢年过节都会一碗一碗端过去分给左邻右舍，甚至略远些的住家。远亲不如近邻。只要你们家在“爆香”③，全村人就都知道了。哇，每次一回想，那种味道就好像在眼前、在鼻端。

那个年代，油味、香味像是稀罕物，只要村子里有一家在煮好料，相互分享就是一种快乐。我们家也是这样，一煮荤菜，或是煮点什么不一样的，妈妈就跟我说，这个谁一碗，那个谁一碗。

“有好东西一定要分给大家。”

把朴实的快乐传递给别人，我们因此更快乐。有时候，也很期待其他的邻居送来什么不一样的给我们。

这种精神的愉悦和富足，难以言传。

---

① 打一斤内，闽南语，买一斤肉的意思。

② 咸的、淡的，闽南语，意思是荤食、素食。

③ 爆香，闽南语，就是做葱头油，闽南人家常见的一种佐料。

2011年惠和摄影大赛获奖作品《惠女风采》(雷艳平拍摄)

二 重男轻女的阿嬷

清明节回崇武,在海边行走,涛声像一声声问候。追思、缅怀、感恩,老家有阿嬷,有父亲,每逢清明倍思亲,我都会回来和他们一起相偎叙旧。

阿嬷过世时,应是70岁。她含辛茹苦了一辈子。

在农村,我们家算是人丁单薄的。阿嬷只生了我父亲和我姑姑两个孩子。爷爷早逝后,阿嬷就没有再嫁,很早就守寡了。她娘家离我们现在的老厝直线距离约有五六公里,当年要徒步穿过一个农场和一片森林,才能到他们那个地方——溪底村。

我爷爷生前很早就到厦门开石刻店了,所以父亲的整个童年都是在阿嬷的娘家度过的。父亲那个时代，五峰村[①]的石匠很多，石雕师傅很多，石雕名家蒋丙丁[②]就出自这个村庄。我父亲从小在这一带长大[③]。父亲后来说，因为从小在阿嬷的娘家长大，所以跟这些石匠们有过接触，还跟蒋丙丁等石雕师傅学过手艺。

在我的童年记忆中，个子不高的阿嬷给我留下了很多深刻的"创伤"。

阿嬷重男轻女，可以说比较"封建"。也许缘于惠安的某些婚嫁陋俗[④]，我母亲嫁给父亲许久之后才生下我。这里的女性回夫家一年只有两三次，中秋啊、五月十五啊、春节啊，才允许到夫家。有时甚至还同房不同床，很难怀上孩子。

我妈妈生我前，阿嬷抱养了一个孩子。

那时候，惠安很流行"抱养"，没有生孩子的时候，家里就会先抱养一个男孩。所以母亲还没怀上孕，回娘家的期间，阿嬷抱养了一个男孩子。抱来家的时候，男孩刚刚满月。

---

① 五峰村：惠安县崇武镇是名扬海内外的"中国石雕之乡"，崇武镇五峰村又被誉为古今"中国南派石雕第一村"，是南派石雕的发源地，尤其以蒋氏最为出名。蒋氏石雕艺人在清末民初便以精湛技艺惊艳一时。福州、厦门及台湾遍布蒋氏石刻足迹，在台湾还有"无蒋不成场"的说法。新中国成立后，以五峰蒋氏石雕艺人为主的惠安石雕厂成立，为新中国制作了不朽的石雕作品。

② 蒋丙丁(1910—1984)：崇武镇五峰村人，出生于石雕世家，在闽南、台湾一带留下不少佳作，名声传闻于南洋的华侨中。1953 年，受陈嘉庚的聘请，担任厦门集美鳌园工程的石雕主要技术员，他和五峰村 300 多个艺匠，经过三年多辛勤的创造性劳动，完成这个举世闻名的"石刻作品大观园"。1962 年，担任刚成立的五峰石雕厂的技术员，精心培育了一批石雕工艺的继承人，这些人后来成为厦门和惠安等地的石雕企业的技术骨干。

③ 五峰村与溪底村、霞西村、龙西村、靖江村、大岞村、港墘村、西华村、潮乐村、海门村、莲西村相邻。

④ 惠安女"不落夫家"的婚嫁习俗：惠安女结婚三天后，就要回娘家长住，直到有了孩子之后，才能在夫家长住。

从小，阿嬷就非常疼我的这个哥哥，甚至是溺爱。但对我，却非常严苛。

我刚出生，阿嬷就似乎不太喜欢我，这让妈妈在家中很没面子。小时候，家里有好吃好喝的，我只能瞪着眼睛远远张望。家中清苦，无米可煮，就煮地瓜渣。所谓地瓜渣，就是提取地瓜粉的时候，第一遍滤过的那个渣，晒干备着，等没得吃的时候拿出来煮作食物。

有一次，阿嬷在煮地瓜渣，我看到锅里面有一包什么东西，悄悄打开，看见里头有纱布包着一点小米在一起煮。我把我妈拉过去看，问说"这是什么"？哈哈哈。原来阿嬷在偷偷煮"小米"，就是我们现在常说的"开小灶"。

"小米"是特意给哥哥吃的，我不能碰，贪吃会被揍。还有一次，煮"大麦饭"，阿嬷特地给哥哥蒸个"米饭"。"大麦饭"和"米饭"都放在锅里，那时候我正处在长身体贪吃的年龄，一不小心把那个"米饭"给吃了，阿嬷把我狠狠揍了一顿。

总之，童年记忆里，阿嬷老是催我干活，却又不让我吃饱。

那个时期正在全民"扫盲"，连我妈妈都是"扫盲"对象，我也顺理成章有学上。上学时，我要背着妹妹，我俩差五岁，我一边上学还要一边照顾她，放学后还要捡猪粪，挑柴挑粪回家当柴火。

从小辛苦干活，但阿嬷从未给我好脸色看，有时还用乡下间才听得懂的话，絮絮叨叨地"教育"我。比如，说女孩子家一定要"老老实实"。她们口中所谓的"乖"，有特定的含义：乖乖听话、逆来顺受。就这样，我的童年有点"小黑暗"。也正是这种"小黑暗"，练就了我偏向刚毅的性格。

这个性格影响了我一辈子。

那时候，在崇武，"重男轻女"比现在严重得多。但凡村里有人结婚、请客，“同堂”[①]、邻居就会结伴去吃。女人吃中午，男的吃晚上。只要阿嬷去参加，必定带上哥哥，不会带我。

过去那个年代，结婚请客不包“红包”，亲戚可能会“扯一块红布”[②]，邻居就不用。请客的主人要三番五次登门邀请亲戚和邻居，有时甚至还要“拉”着去。宾客们往往显得被动和客气，慢慢演变成一种“风俗”套路。婚宴结束，宾客们会用手帕将餐桌上剩余的“好料”打包点回来。阿嬷带回家的“好料”，好的先挑给哥哥他们吃，剩下的、“碎掉的”留给我。

小时候的我，对阿嬷既爱又恨。也许因为阿嬷的偏心，我的妈妈就很护着我。

我出生后，妈妈很是疼我。但七八岁以前，从没有为我扯过一块新布，做过一件新衣服。我身上穿的，都是哥哥他们淘汰后改小给我的衣服。妈妈偶尔急躁一点，就会遭到阿嬷比较不好的对待。

惠安女在家里什么重活、脏活都要干，加上妈妈没生男孩，家中地位更是低人一头。我慢慢养成很刚毅、很有“反抗力”的性格。也许来源于阿嬷对我的偏见和磨砺。也因为如此，我从小就发誓要赚钱，赚钱给妈妈，让她过上好生活，不会让人看不起。

我爸爸是“孝子”。家里事，阿嬷一言九鼎。爸爸的唯唯诺诺，让阿嬷更加强势。无论是在阿嬷跟妈妈之间，还是孩子的问题上，爸爸都听阿嬷的。无论阿嬷怎么做都是对的。父亲从小对我阿嬷的这种“孝”，是一种言传身教，对我们起着潜移默化的作用。

在村里，阿嬷也是很有威望的。

阿嬷早早守寡，含辛茹苦把两个孩子拉扯大，让村里人肃然起敬。后来我父亲学艺后成为师傅，可以带徒弟，不少人过来毕恭毕

① 同堂：闽南语，意思是堂兄弟。

② 扯一块红布：闽南语，意思是买一块红布。

敬地拜师学艺。阿嬷觉得在村里更有面子了。

如今想来,阿嬷是一个坚强、刚毅的女性,值得我们尊重和怀念。阿嬷当年对我有偏见,那是一个很“封建”、很“重男轻女”的时代局限使然,她不只是对我,对我母亲也是这样。

母亲直到快四十岁才生下我妹妹。与我相比,我的妹妹就比较被阿嬷疼爱。可能阿嬷最后死心了,放弃了一定要有个男孙的想法。

最终,她坦然接受了命运的安排。

小时候与父母的合照(1970 年代)

三 “打平直”的父亲

我的父亲叫李走生(1929—1999)。阿嬷说过,我爸爸是她去干农活时,走在路上生的,所以就叫“走生”。

我爷爷很早来厦门[①]立业，但一场台风之后，活不见人，死不见尸。阿嬷寻觅许久，但还是杳无音讯，爷爷从此没了踪影。爷爷在厦门有一间石刻店，父亲小时候曾在厦门跟他学过手艺。

就这样，父亲很小就是两边来来回回奔波，厦门—惠安、惠安—厦门。

如此说来，我的家庭算是“石匠世家”。印象中的父亲，一直就是揣着墨斗，拿着铁锤和錾仔，在我们家附近“打石头”。那时惠安还有很多小山包，石头资源丰富，这里盖房基本上就地取材，都是用条石来垒石头房子。

一开始，父亲就是专门“打平直”的，谁家盖房子，他就去谁家。他们这些人都被称为“pa jie sai”[②]。再后来，父亲开始带徒弟，着手石狮子啊、龙柱啊之类更复杂的工艺。

我十岁前那会儿，父亲更多时候在做一个“打平直”的工人，就是自己开采石头，然后“打平直”，石头凿平整后就拿来盖房子。我们现在把这种盖房的石头叫“菠萝面”“荔枝面”，“打平直”都是初出茅庐的石匠在做。不像现在有成规模的石雕厂，那时都是些作坊、小工坊，基本是民用项目。真正意义上的石雕厂，是80年代开始跟台湾人做生意后才慢慢出现的。

惠安打石师，有打粗石的，也有打细石的。我们家后面就是一个采石场，用炸药炸开一个石坑，不规则的巨大石头簇拥一起。石头从山体分离后，还要根据用途，比如是做柱子还是做梁板，分解成大大小小的荒料块，这些荒料有时候还要再稍微整修一下。

---

① 崇武的建筑石雕工艺向厦门及闽南一带传播，较成规模的是在鸦片战争后厦门开放为对外通商港口以后。由于对外通商的开放，石雕产品开始外销，此时崇武的石匠纷纷到厦门开设石刻店。据《惠安县志》记载，当时开设在厦门的石店以“蒋泉记”为代表，有30多家，石匠200多人。

② pa jie sai：打石师，闽南语，意思是打石头的师傅。

打粗石，就是我们说的“开山”。打石师们用大锤、钢钎、小锤、錾仔等工具，把山上大小长短不一的荒料，弄成条石，修裁成所需形状，所以也叫作打粗胚、抓平直。那个大铁锤，锤把不是用木棍而是用四五片青竹拼合成的，用起来很灵活。开石头的时候，先用錾仔打洞，然后灌水。錾仔插在一个个洞里，用大铁锤打下去，大石头就裂开了。

打石头的师傅抡起竹柄大铁锤，发出“咻、咻、咻”的声音，借势一锤一锤地用劲，大石头就沿着一条线裂开。这个场景让我记忆深刻，终生难忘。不过，如今这些枯燥的体力活都用机械代替了。

把大石劈开，打粗胚后就要抓平直或圆。抓平直也叫打平直，就是把一块石头周边打成直线，然后每个面打成平面，最后形成一块一块成型的条石，这样就可以用来建房子了。也有部分石材要做成弧形或圆柱形，但比较少，还是打平面和直线的比较多。

一种俗称“晟石”的工艺，我父亲很擅长。他加工出来的石头不仅有棱有角，而且每个角大小均匀，线条很直。他常用的工具有小锤、方嘴和尖嘴的錾仔，方的用来剔除较大面积的边角斜料，尖的就用来抓平直。要求比较高的，还要把凹凸不平的条石表面凿成清晰的阴暗面，这叫作“平面加工”。这样整出来的石头漂亮，观赏性强。此外，还有“打细石”的师傅，他们一般是在山下，或雕或磨，使用的工具更多。

惠安石头多，人们的日常生活离不开石头。盖房子用石头做地基，门槛、门墩、门框、门架也都是石头做的，像那些做豆腐的石磨、捣米用的石臼、养猪的猪食槽以及修路和建堤坝，统统都需要石头。

你看那个著名的洛阳桥，都是石头。修建时把石头扔进海里，水下堆成长堤，然后在石基上做桥墩，最后在石头上养海蛎来加固石基。你再看，惠安的这些石头房子，无论早年用石块或乱石堆砌墙壁，还是后来用条石垒砌，都离不开石头，离不开垒石头的工艺。

到我自己建石雕文化园时，收集了一些石头铺地面，导游讲解说这叫“嘉庚石”，因为当年陈嘉庚先生就用了很多这种石头铺地坪。现在园区内铺在地面的这些方石块，越来越漂亮，被脚步打磨得富有美感。

父亲早年在山上“打平直”，后来就开始做“石雕”，最后才到厦门开石雕厂。在我们家乡一带，父亲因为石雕技术好，很早就当了师傅，开始收徒弟，陆续带了不少徒弟。那时生活尽管艰辛，但却是我们回忆中的幸福时光。

当时人拜师傅很慎重，敬畏师傅，正所谓“一日为师，终身为父”。哪像现在，你看我现在带学生，我都要“三请四请”[①]，有时候甚至还要被“炒鱿鱼”。

所谓拜师，仪式不冗杂，没有你们想象中的跪拜什么的。学徒们会去买点肉，买一些面线，家境好点的人家会买猪脚，贴上红纸，挑一担面线，或加上鸭蛋、鸡蛋，大摇大摆过来，正儿八经跟我父亲讲，“这个孩子交给你啦”。

在小时候肉是奢侈品，难得吃到。那时的我们，有苦也有乐。尤其是父亲开始收徒弟后，家里的重活累活都有人帮忙干。

总之，我觉得那时的我比一般人幸福多了。

向父亲投师拜艺的都是村里的年轻人。那时不少乡村孩子十三四岁小学毕业后，就早早辍学，慕名而来学这门手艺。父亲不随便收徒，关键看人品。一开始，他也没怎么教，只是让那些徒弟们给家里挑水，冲洗厕所，帮忙做各种琐碎的家务活。父亲在工地上，他们还要负责送饭。父亲要是考察这人品性不错，就会提前教他。

大凡每个学徒干杂事，都要干个一两年，父亲才会正式开始教手艺。

---

① 三请四请：闽南语，意思是很难邀请得到。

这些学徒也就是十来岁的男孩。早上六点多就要到家里来，来了就开始收拾錾仔，磨錾仔。接着，还要替我们家干很多活，挑水啊，倒尿盆啊，等等。晚上，父亲收工回来，会先让他们“牵风鼓”“打錾仔”。那时候的錾仔不是合金的，是铁的，打完石头后会“钝掉”，晚上要拉风鼓，用火烧，再把錾仔打尖，这样第二天才能继续用。

小时候，爱玩的我也经常帮着拉风鼓，看徒弟们把烧红的錾仔放进水里，发出“沏嚓、沏嚓、沏嚓”的清脆声音。这个声音如此美妙，至今还不断回响在我脑海里。多少次午夜梦回，在我的生命中淬火成百上千个“錾仔”。

我一直有个疑问，为何那么多父亲的学生，愿意温顺地一直干粗活，足足熬上两三年，才等到父亲教他们“打平直”，继续熬上又一个两三年，才真正登堂入室。那时做学徒，没个五六年学不了什么手艺，但他们依旧敬畏师傅，毫无怨言。

现在的情形和从前比，差了个十万八千里。技术进步了，人们想法很多，不再单纯。当下的人如何才能静下心，全力以赴来学这门手艺呢？就像从前，学徒们静心绝虑，至少在一段时间内，两耳不闻窗外事，本本分分，学好并坚守这一门手艺。

岁月蹉跎，如今再看父亲手把手教的徒弟们，一个个成长起来，他们把石雕产业做强做大，前程似锦，真的是感慨万千。

惠安女没人学石雕，只有扛石头和当小工的命。从前做石雕多是“刻佛像”，提供给寺院的，而女人尤其是惠安女，在乡下人的偏见里是暗藏晦气的，他们认为女人不能“近”[①]这些东西。

改革开放后，才慢慢有女性学影雕。影雕是从线雕演变来的，线雕就是专属男性的活儿。所以早期，几乎没有女性做大型石雕。真正的做雕塑、尤其大型石雕的都是男性。

---

① 近：闽南语，意思是不能手碰、不能靠近。

今天倡导男女平等的价值观是对的，只要有机会，女性可以做得和男性一样好，甚至更好。

父亲李走生和母亲张尝(1980 年代)

与晚年的父母合照(2000 年 7 月 7 日)

和母亲(中)合影于惠安老家(1980年代),右一为李雅华

四 吃苦耐劳的妈妈

我母亲叫张尝,是一个很辛苦也很伟大的惠安女。她与父亲结婚,是由媒人介绍的。

那时惠安还比较“封建”,个人婚姻基本由父母包办。惠安女没有自主选择婚姻的权利。我妈妈回忆说,还有一个不成文的习惯,就是在媒人介绍后,男女双方会由各自朋友带着偷偷见个面。不过,这种见面,像是地下党接头。只要“相见”到(看见),一个眼神即可,心中意会,但不会说话。当时,母亲的朋友带着她,父亲的朋友带着父亲,相隔在路上走,母亲的朋友偷偷告诉她:就是前面那一个。

他们就是这样“相见”的,然后就结婚了。

妈妈22岁结婚,34岁才生了我,我是他们的第一个孩子,后面又生了妹妹。

妈妈说，结婚后，按当地陋俗，自己生孩子前都住在娘家。每年就是除夕、初一到夫家住两晚，“普度”[①]时也会被允许，然后又回娘家去。

如果丈夫要接妻子回家住一晚的话，要让亲戚朋友去妻子的娘家请，有的时候必须“七叫八叫”，妻子不能显得太主动立刻来夫家。当时风俗，男女授受不亲啊什么的封建传统观念很严重，我妈妈说，女孩子要是常回夫家，会被人说闲话，被人嫌弃和看不起。

父亲去厦门工作前，恰好有一段在漳州云霄，父亲当时特意通过一个朋友来叫我妈妈过去云霄帮衬，阿嬷同意了。妈妈就过去住了一段时间，就这样才怀了我。

对于这种风俗，远洋出海打鱼的渔民最有意见。于是，就有人向政府有关部门反映情况。有关部门就想了一招：号召大家来挖水塘、搞建设，如果你们家结婚了，就算有了新人，也算是新的劳动力，女方必须一起来参与建设，如果不来的话，夫家是要受罚的。

这招很管用，结婚后的惠安女终于可以名正言顺地住在夫家了。

惠安人很辛苦，有讨海的、有开山的，尤其是开山的。妈妈讨过海，也下过地、挑过石头。

有一段时间，惠安开始造填海工程[②]，家里所有人都要去支援，包括父亲带的那些徒弟。家里收入低，妈妈帮忙赚钱，贴补家

---

① 普度：在闽南又叫“普祀”，是“祭鬼”的节日，对象一般是那些无主的孤魂，希望他们莫在人间骚乱作恶。时间在农历七月半左右，几乎贯穿整个农历七月。各乡镇有各自的“普度”日，分乡镇逐日进行。

② 新中国成立后，东部沿海地区出现过数次大规模围垦、填海造地的浪潮。20世纪60年代中期至70年代，沿海省份纷纷围垦近海滩涂以增加农业用地；80年代中后期到90年代初，又出现了滩涂围垦养殖热。

用。她晚上 12 点起床。现在一般人 12 点就入睡了，可她要 12 点起床，挨家挨户去观察谁家门口有灯亮着，知道他们要出海了，我妈妈就跟他们去。从天亮干到天黑，一天可以赚 4 角钱。

每天凌晨，只要妈妈打开那个大门，“歪呀、歪呀”两声，然后再“嘭”的一声关上门，我就会惊醒，知道妈妈要出海去干活。

惠安是建筑之乡。钢筋水泥普及之前，都是木石结构的建筑。近代以来，石结构建筑越来越多，崇武、山霞镇这一带的泥水匠，擅长石结构建筑，跟石雕师傅一样闻名遐迩。

闽南一带的寺庙、宗祠、民居，很多都是崇武泥水匠做的。泥水匠都是男的，惠安女则被当作小工用。不夸张地说，惠安的石头厝几乎都是惠安女用柔弱的肩膀抬起来的。她们是建设家乡的主力军。

妈妈也抬过石头，抬的是条石，不是横梁。那个横梁石一条大概 6 到 8 米长，客厅就需要 8 米了，宽度大概 60 到 80 厘米，五六个惠安女就这样扛上去，从一楼搭架子扛到楼顶。

在惠安，看到妈妈们抬石头，为之震撼，也为之心疼。

你看，她们趿着拖鞋，踩在木板上，缓缓把石头抬上屋顶。木板令人担心地抖动着。有时候太阳很毒，她们抬起比她们身体重上许多的石料，脸上汗流不止，呼呼喘气，一步一顿，肩抬数百米，石头刚放下，马上回去抬另外一块，中间很少歇息。

鼓浪屿“申遗”时，需要修缮一批古建筑，我们惠和公司也有幸参与其中。有一栋西式宗教建筑，叫“三一堂”，施工过程中最大难点就是屋面的拆卸与回铺工程。为了新做防水层，整个屋面瓦需要全部揭开重铺，首要工作就是将 800 多平方的“嘉庚瓦”拆卸并搬运至地面。

“嘉庚瓦”是重要历史文物，每一片都承载着“三一堂”的历史。这种屋瓦都是老样式，早已不烧了，弄破一片少一片，而且涉及高空作业，每片瓦都要用人工小心拆卸搬运，在防水层做完之后再重新把瓦片运至屋顶回铺。也就是说，需要把屋顶上的瓦片一片一片拿下来，修缮后再一片一片装上去。

整个施工过程需要全程高度警觉，既要保证文物构件的安全，又要注意施工安全。这时，我就想到了惠安女，因为女性体重比较轻，比较灵活。于是，我紧急招了一些惠安女小工，果然很快顺利完成工作。

鼓浪屿“三一堂”修缮工程，聘用惠安女小工搬运“嘉庚瓦”

惠安女真的很伟大。所以我筹建石雕文化园，特地创作了一台“惠女风情”主题表演，就是把惠安女的风俗以及勤劳质朴的一面，用演艺的方式声情并茂地展现出来。

这台演出很受游客欢迎，演出旁白是我亲自把关的，每次读起来，就像是一首对我们惠安女写的赞歌。

后来园区提升改造时，我用汉白玉做了一个惠安女雕塑，矗立在惠和书院门口。大家都知道汉白玉不好雕，因为玉质比较软。

所以我精心挑选了一块没有瑕疵的来做，这块被选中的白玉质地纯净、十分洁白。这个雕塑依然采用传统石雕工艺，但我结合了现代艺术设计理念。

汉白玉雕塑《惠安女》，陈列于厦门惠和石文化园

首先，是把惠安女的服饰特征表现出来。所谓“封建头、民主肚、节约衫、浪费裤”，尤其是“花头巾、银腰链”这个特征更要表现出来。其次，是把惠安女美丽身姿展现出来，凸显她们“玉质铁肩，把沧海桑田改造”的风采，彰扬她们苦难之后依然对生活充满希望的乐观精神内核。

这尊栩栩如生的惠安女玉塑，兼具美丽和坚毅，到园区参观的游客无不驻足赞叹，拍照纪念。

说到惠安女，他们生活范围主要在惠东一带，以惠安东部崇武、山霞、净峰和小岞四个镇为主。她们是地地道道的汉族，但又被界定为一个特殊的族群。

我们家就是山霞镇的。妈妈娘家在崇武镇大岞村，这里的惠安女更是以吃苦耐劳出名。从前有首歌叫《惠东妇女金当当》，歌词大致是："惠东妇女链裤一斤外重，过街巷外出去做工，起大厝扛石千斤重，爬高爬低脚手轻松，吃苦耐劳名声香。"写得惟妙惟肖，写得平实，写得真好。

惠安女无论在社会上，还是在家庭里，地位都很低，她们有所谓的"三不敢"和"三怕"。"三不敢"就是不敢吃饱、不敢睡饱、不敢随便说话，吃太多、睡太久都会被人说闲话。"三怕"是说怕劳动过重、怕姐妹伙伴笑自己和丈夫感情亲热、怕婆婆姑姑唠唠叨叨。妈妈曾说，劳作上的苦是一种苦，生活上的苦更是苦。

妈妈是个苦命人，也是个老实人，性子慢。

她总说我跟着她吃了很多苦。小时候，我自己倒不觉得，但看着妈妈这么辛苦劳作和过日子，却从未怨天尤人，就希望能帮妈妈多干点活，心里暗暗发誓以后要赚钱给她，让她过上好日子。

妈妈来厦门，应该是在 1992 年、1993 年这段时间。

她始终护着我，支持我。每每见到父亲苛责我，对我发脾气，虽然看不惯，但不吱声，因为她知道左右不了父亲。她一边说我父亲唠叨和过于严厉，一边又说服我尽量顺着父亲、顺着阿嬷。她在"道义"认知和"孝道"传统之间矛盾着、挣扎着。

但无论如何，我自始至终感恩妈妈。她揽下农村中的所有农活，承受生活所有的重担，坚持着把我们送到厦门，而不是留在身边帮衬。

因此，尽管从小生长在男尊女卑的环境里，阿嬷排斥我，父亲近乎严苛地对我，但我一直有个信念：必须好好活着，必须努力坚持着"撑下去"。

不仅为自己，更是为了妈妈，为了她伟大的母爱。

与母亲合照(1980 年代)

五 六岁开始做生意

记得六七岁时,我就挑柴火到集市去卖。

惠安人说七岁,大概就是六岁。当时农村封山育林,没有柴火,都会捡狗啊、猪啊拉下来的大便,晒干然后去当柴火烧。我去集市卖东西,想做点事贴补家用。毕竟爸爸终年都在外面做工,而妈妈因为生了女孩,跟我阿嬷的关系一直很紧张。

集市上,大家都把自己家里剩余的东西拿来卖。我也学大人样,在集市摆摊。买东西的人看到我,好奇地问,你那么小就会卖东西啊。旁边的大人就会夸我道,“你不要看她小,很会卖啊”。

在别人眼里，我是一个早熟且娴熟生意的女孩。只有我自己知道，穷人家的孩子早当家。

惠安靠海，海边的木麻黄会掉枝叶，人们用耙子去扒，扒完后装在筐子里扛回家做柴火。动物拉下的屎，捡来晒干后一样也是可以当柴火的。我们和邻居家的同龄人，常常下课后就约去海边木麻黄林。木麻黄种植在海岸线，用来阻挡风灾，密密匝匝，人迹罕至，总是“暗摸摸”[①]的，看起来很吓人。我们一路捡拾枯枝败叶，遇上了分头采集的同伴，就会赶紧一起结伴挑柴火回家。

某次挑柴火去集市卖，要走一里路。走到半路，捆好的柴火突然散开，散落满地，我急得满头大汗，越着急越手忙脚乱，无奈地在路上哭起来。刚好有人经过，问我是谁家孩子，我赶紧说出父母名字，恰好这人是我妈妈的姐妹，就帮我重新捆好柴火。后来，她和我妈说到此事，夸我能干，还说要我当她们家的儿媳妇。

惠安没有水稻，田野种的不是地瓜、花生，就是黄豆。人家在村路边晒豆子，豆从豆荚里蹦出来，一粒一粒的，等别人收拾完，我们会拿个盆，一颗一颗，去捡剩下的，拿回家做豆腐。豆子用石磨慢慢磨成浆，枝叶可以当柴火。

惠安这地方，靠海吃海，鱼虾取之不绝。至于米和肉，对我们来讲却是奢侈品。

大概十来岁时，我还卖过惠安女的头巾。

你们应该见过惠安女头顶上的头巾吧。爱美的惠安女们，以漂亮的花头巾为傲，但往往结婚时才拥有。“金砖会晤”期间，我也戴过一套。不过，十多岁时卖的那批头巾是从上海进的货。父亲在厦门，有个上海朋友帮他批发头巾。那批头巾货色不好，色泽偏白，不够蓝，不好卖。我也救急帮忙卖，挑上头巾，在老家周边，一

---

① 暗摸摸：闽南语，意思是很暗、没有光线。

路喊着“卖头巾、卖头巾”。一条头巾才卖5块钱，要是颜色对路，要卖20块的。没办法，这批都是次品。

苦难在回忆中有它美好的一面。走在石板上，在一堆石头房子里走街串巷叫卖，那颗小小的信念种子埋进土里长出芽：一定要帮家里人挣钱，贴补家用。如今我想，一个孩子早早磨砺出责任感很重要，也许这就是今天我能有一点点小成就的原因吧。

妈妈总回忆说，我放学回家，从来不会空着手，要么捡菜，要么捡柴火。那时，一到下雨天，雷电交加，只要有人还没回到家里，我就会坐立不安。看到一家人都在屋檐下，才油然而生那种安全感。

除了做生意，我还要照顾我妹妹。

阿嬷壮年时期，是家里主要劳力，负责割草、种地瓜、种花生。但捡柴、捡草、捡粪，都是我的活，虽然比较轻松，但我还要读书，“扫盲”阶段，不可能不读。惠安的老师普通话不标准，我们跟着学了一嘴的“地瓜腔”。

妹妹差我五岁，阿嬷她们出去干活，我背着妹妹去上课。一边上学，一边带着妹妹。我们家靠东边，学校偏西。不少人带着弟弟妹妹来上学，有的大有的小，我妹妹比较小，我要一直背在身后。带着弟弟妹妹的，都安排坐在教室最后，这样比较不会吵到别人。

总之，小时候的我，就一副“爱拼才会赢”的精神状态。

还有，村里小队去栽花生啊、割草啊，没办法回来吃饭，我也跟着大人去，到了时间点就会自己先回来，通知那些割草队员的家人去送餐，打饭到山上给这些割草的人吃。

哇，大家就夸我，小小年纪就敢为人先，就有超乎同龄人的统筹能力。心软，爱照顾人，是妈妈对我童年的另一种总结说辞。

我不属于那种“乖乖女”。阿嬷很讨厌我，骂我“男不男女不女的”。言外之意，从某种角度来看，也可当作一种褒奖，就是说我很活跃，也很能吃苦。

六　所有吃过的苦都是一笔财富

读小学时，我就开始帮妈妈犁田。

村落没有水，所以没有水牛，每次犁田，都需要有人在前面，像牛一样拉着犁。我年龄小，没办法拉。妈妈在前，我在后面扶“犁尾”，要保证不歪掉，让它一直往前。

那时农活多，但我们不擅栽种，只能简单地浇浇水，种种地瓜什么的。我心里天真地抱怨，我们家干吗要那么多田啊！终究还是母亲负责栽种，这样对瓜苗的深度才心中有数，但栽完要浇水，地瓜才会长。每天我们都要去田地里浇水，那时候哪里有自来水啊，每次都要去池塘里取水。池塘离地瓜田很远，挑水累得半死，往往是浇完水后，天都黑了。

甜蜜与苦涩，就像一个硬币的两面。地瓜长出来，就可以煮熟了吃。我们家没有出海打鱼的，可是我阿姨、姨丈家都是渔民，他们会送鱼来，我们就会去“ke”，配地瓜吃，也很幸福。还有就是芥菜，芥菜“草贱”①，在哪都长得好。那时生活物资匮乏，炒芥菜，只要有一点点油就感觉很美味。

地瓜啊、芥菜啊，到现在我都还吃不腻。

我还是想再说说地瓜。对于我们来说，它就像亲人一样熟悉。泉州人喜欢称惠安为“地瓜乡”，说惠安话是“地瓜腔”。其实，地瓜在那个艰难的年代，是最重要的粮食，养活了好几代惠安人。

地瓜可以做地瓜粉、地瓜干、地瓜渣。地瓜渣还可以做成饼，现在这种东西罕见，只有老惠安人还记得。地瓜放在搅拌器里搅拌，先出来的是地瓜汁，然后用丝巾把地瓜渣过滤出来，地瓜汁晒

① 草贱：闽南语，意思是比较好栽种、比较好生养，不挑环境条件。

干就成了地瓜干，剩下来的就是地瓜渣，地瓜渣一般是用来喂猪的，但没东西吃的时候，也会加点盐做成饼。

地瓜好吃，但新鲜的地瓜难得吃到，更多时候是吃地瓜干。如果地瓜干没晒干，就容易生虫子，放进锅里煮，虫子就漂浮出来。

我们家都是打石头的，没有讨海的，所以没咸鱼配，只能配“鱿鱼膏”。这种“鱿鱼膏”有种臭味，闽南话叫“ao hong mi”①。我却觉得很香。

有一次，煮了有虫子的地瓜干，配这种“鱿鱼膏”，甚至连虫子也吃下去。还有，腌白带鱼，也会有这种臭味。这种“ao hong mi”不是你走在海边闻到的那种腥味或海咸味，而是咸香咸香的气息。

如果把白带鱼拿去油炸，确实真香，很多人都可以接受，但如果水煮，那个腥味，一般人接受不了，尤其是北方人。而“ao hong mi”可以说是一种特别的腥味，更多人接受不了。

“ao hong mi”，就是用高盐来掩盖它的异味。因为当时出船，没有冰箱，为了食物保存久些，就有了这种土法保鲜。当然，这种高盐腌制品，对身体是不好的，但我至今都还很偏爱吃。

我还学过女红。有一个好像县城来的老师，来村庄教女孩们做手工，什么打羊毛衣啦、勾围巾啦，还有绣花。我们还做了很多玩偶，很漂亮。做这些女红，当时有人来“回收”(低价买走)，可以赚点钱。惠安很流行这门“生意”。邻居家差不多跟我同龄的女孩子，凑在一起做手工，睡觉也在一起，通宵达旦地聊天。大家彼此倾诉，成了一种解压方式。

父亲在厦门开店早，就有了一辆村里难得一见的凤凰牌自行车，还有风雪衣，这些东西，我们家很早就有了。那时有自行车骑，

---

① ao hong mi：闽南语，意思是一种臭味。闽南话中的“ao”相当于“臭”的意思，很臭或味道不好，但用在不同的时间与场合，也有倒霉、很差劲的意思。

可以在同龄人中炫耀。哈哈哈。

在村里，我们家的房子算是盖得比较大的，那个教做女红的老师，当时就寄住在我们家。她是城里人，长得优雅，过得很“小资”，三不五时会奖励我们肉吃。哈哈哈……因为她常住我们家，觉得麻烦我们家了，她感到不好意思，所以偶尔会送给我们一点肉。

小时候，还有个同学，她妈妈是我们村的干部，家里生活条件好些，时不时有肉吃。她经常瞒着她妈妈邀我到她们家。她们家有个照壁，通常她吃饭时，会特意拐个弯来，偷偷把她碗里的肉夹给我。青春时期的友谊，最纯真，最难忘。我只要回老家，都会去看看她，顺便买点东西过去当作伴手礼。

小时候天天围着土灶，烧火做饭。我永远都是那个烧火的角色，年龄最小嘛。妈妈负责炒菜，我做伙夫，起火、烧火都是我来。火焰熊熊，温暖灼人。我熟悉点火窍门，用木麻黄的叶子烧得最旺，然后烧火要往前不要往后，太往后就一溜烟跑进烟囱里，最好的方法就是往前挪一点，风一吹，火焰自然往后，恰好就从烟囱顺顺地出去。

去年，老家装修房子，我特意在院子弄了一个土灶。

年岁渐老，总试图追忆从前。真是回味无穷啊。

我出生时，老厝基本已完工，但只是粗胚。人先住着，房子慢慢砌墙、抹灰，一点一点完善。盖房子，大的方面要请师傅，杂活则能省则省，请不起小工，就得自己人上。所以，瘦小的我也要帮忙挑土。

父亲管教严厉，日子过得清苦，但毕竟一天天过去，一天天成长。苦难慢慢蜕变成财富。

生活艰苦，也常有抱怨。但慢慢地、慢慢地，变成回味无穷的记忆，成为一笔很好的财富。因为岁月在身上夯实了个“底”，如今，再遇到任何苦难、任何委屈，我都会告诫自己：最坏的时候已经过去，再惨也不会比原来更惨吧。

我有时回想过去，确实有很多的辛劳和困苦，但现在看来，所有吃过的苦都是一笔财富！

小学毕业照(1980 年)，一排右四为李雅华

小学毕业留影(1980 年)，二排左三为李雅华

第二章

像石头一样硬

“很多人都说，我的性格很硬，像石头一样硬！”

——李雅华

刚来厦门那几年，感觉自己来自农村，来自小地方，跟不上别人，有时候也自卑，但我更多时候是鼓励自己“打拼”，一定要过得好给大家看。

后来，很多人都说，我的性格很硬，像石头一样硬！哈哈哈……

父亲的石刻店最早是在莲坂的一间“草寮房”，后来迁到江头，也有了正式的名字：“惠山”。刚跟父亲学艺那几年，我在父亲的高压下，一开始有些不情愿学。父亲技艺高超，但性格暴躁，对我异常严苛，不过，我最终也哭着鼻子坚持学了下来。

其间，我也离开过，独自出去打拼，但最终还是兜兜转转又回到了“石雕”这门老家业。

一　厦门“草寮店”

我来厦门时，父亲已经在厦门了。父亲做完鳌园的石雕项目，就留在厦门，后来又去侨星厂[1]做工。他在侨星厂的时期，算是“下海”了。用现在的说法，就是做“个体户”。

其实我来厦门读书的主要原因，还和我们家当时的情形有关。

我们惠安那里时兴定“娃娃亲”，到五六岁啊、七八岁啊，“厝边田尾”[2]就会过来说媒：以后我女儿嫁给你儿子，你儿子娶我女儿，就这样定亲吧。

我爸爸一直在厦门工作。他叮咛我妈妈要让我读书，不要太早定娃娃亲。妈妈说，那时候，门槛都快被人家踩扁了。

阿嬷虽然对我不好，但对我定娃娃亲这事一直很上心。要不是父亲跟我妈妈下了“死命令”，说不准两个女儿早就和别人家定了“娃娃亲”。所以，我小学一毕业，爸爸说，要不然就来厦门。

妈妈也答应把我送到厦门，因为她觉得我在厦门可以照顾我爸爸。妈妈一直觉得自己在惠安要顾及很多事情，祖宗祭拜啊，逢年过节“拜拜”[3]啊，所以没办法跟爸爸来厦门。各有各的出发点，父亲在厦门有了那种让我读书才有出息的念头，而我妈妈的想法很简单，让我来厦门照顾我爸爸。

就这样，我在惠安东坑小学毕业后就来厦门读书，大概十三四岁这样子。我1967年生，那个时间点应该是1981年前后。

那个时代，大人们都要出外“探家”[4]。父亲到厦门从事石雕行业，我的一个邻居全家也迁到了厦门。这是众势所趋，不单单我们家。所以顺势而为，我们也来到了厦门。

---

① 即厦门侨星事业总公司味精厂。创立于1958年，为福建省侨办直属企业，后改为华夏食品工业有限公司。上世纪五六十年代，能吃到用味精烹调的菜肴，是一件奢侈的事情。

② 厝边田尾：闽南语，意思是左邻右舍。

③ 拜拜：闽南人常将民间信仰活动称为“拜拜”，也就是祭拜、祭祀之意，其拜拜的对象来源广泛，因而时间频繁，十分盛行。

④ 探家：闽南语，意思是讨生活、外出打工。

当时父亲在厦门莲坂开的是一家墓碑店，供货给薛岭墓园——厦门岛内的薛岭公墓。那时针对台湾的业务尚未打开，没什么人做雕刻，石刻店也是做墓碑居多。

店对面就是侨星味精厂，所以父亲还有一个工作：为味精厂做发酵池。发酵池用大大小小石头垒砌，因为如果用金属就会氧化。爸爸做的发酵池，最大的一个池子，尺寸规格惊人。除了这些，他有时也接一些厂里的石头基建业务。

这石刻店像个草寮，是个很简陋的、临时的工厂，有时候怕敲打石头的噪声吵到邻居，不敢开门开窗，所以屋里粉尘飞扬，条件恶劣。

父亲跟侨星厂上下关系融洽，包括厂长。我们住的地方，最早也是侨星厂工房。所以家里有吃不完的“味精膏”。

记得，当时家里有个小电视。侨星厂工人加班，闲时就到我们家蹭电视看。侨星厂，“侨星”嘛，就是因为有很多越南归侨在这工作，也有一些是从海南华侨农场归来的，他们多在厨房工作。

我也在侨星厂食堂吃饭，刚从惠安过来那会儿，不太会说普通话，一块钱买米饭四两，食堂的归侨看到我拿那个饭票，就说“细两的来了”。我总把“一二三四”的“四”说成“细”。估计，我性格里一部分自卑的缘由，就是从此而来的。后来，朋友笑我这是“四两的自卑”，哈哈哈。

你瞧，我们惠安人，数数字就是这样读的：一二三“细”五六“西”八九“席”。什么原因，你们猜猜看，哈哈哈。

那个时候，我是从我们住的侨星厂到九中去上学。当时要经过火车站，莲坂那时还是郊区。从莲坂去九中，一路都是煤渣路，尤其是经过火车站，黑乎乎的，像是到了煤炭矿区。直到双涵路，两边才见到密密的树林。

当年厦门特区成立没几年，整个厦门就像一个大工地一样，尘土飞扬，四处都是大拆大建，有的地方填海、有的地方造马路、有的地方盖房子。哎呀，尘土飞扬的。只有厦禾路稍稍可观，还是一条旧的长长的路，两边有很多的店铺啊，很多人骑着自行车，在厦禾路的两边来来往往去上班。但我去厦门技工学校读书的阶段，整个厦禾路也是在修马路、盖房子、搞建设。

现在，莲坂已经属于厦门的中心城区了。鳞次栉比，车水马龙，旧貌换新颜。

父亲在厦门(1980 年代)

二 乡下来的“马尾辫”

刚来厦门时，因为我们是“内地”来的，所以深受歧视。老厦门人就是瞧不起乡下人。

哈哈，现在在厦门，这种情况越来越少了。你看，现在厦门有四五百万人口，我估计呀，百分之九十都是外来人口，有的有户口，

父亲（左二）与侨星厂职工合影，右二为厂长周耀根（1980 年代）

李雅华在父亲参与建设的集美鳌园前留影（1980 年代）

有的没户口,不管怎么样,大家作为新厦门人,一起建设这个城市,一起为这个城市出工出力。现在的厦门多么美丽呀,大家都爱着这个城市,美丽厦门,这和我们这些来厦门的外来人的共同建设也是分不开的。记得当年,我来厦门的时候,一栋十层楼以上的大厦都没有呢。我呢,也算见证了改革开放以后,厦门建设发展的历程。

我们惠安那个地方,重男轻女的风俗严重,如果我家里有个哥哥,或者弟弟,也许我就来不了厦门了。我就和很多很多我这个年纪的惠安女人一样,永远在那个偏僻的村庄,成为一个家庭里的主要劳动力。我们惠安女,都是家里主要劳动力,割草种地、拉网捕鱼,生火做饭、养儿育女。哈哈,那样也许平平淡淡,也是一件挺好的事。像舒婷老师诗歌里写的:

天生不爱倾诉苦难
并非苦难已经永远绝迹
当洞箫和琵琶在晚照中
唤醒普遍的忧伤
你把头巾一角轻轻咬在嘴里

当然,因为来了厦门,我的一生也就此改变。

我过来读初中,其实呢,当时我来厦门,还是带着"使命"来的。第一个当然是父亲,如果不是因为父亲有想法,我也不会来厦门。他希望我今后,能够有出息,或者说长大了有更高的水平,就要去好好学习。因此就把我从惠安带来厦门。另外呢?我父亲一个人在厦门做石雕,确实也需要在生活上的照顾,比如洗衣物、煮饭和打扫房间、整理家务这些事情。其实,我过来,也是要照顾父亲的生活起居的,这个对我来说,应该也是比较重要的"使命"吧。

那时候，我大概是十三四岁的年纪，在妈妈的眼里，我已经长大了，我来厦门，就是来照顾父亲。

我那个时候，就要每天早早起来，先是要给我父亲做好一碗瘦肉汤，然后把他洗脸的毛巾呀，牙刷、牙膏呀，都要洗好弄好，放在父亲的床头边，让他一起来就可以用，可以吃饭。除了这些事，我还要做其他家务。啊，这真是太不容易了！这就是我们当时真正的惠安女性，都是这个样子的。不管是照顾父亲，还是以后结婚了照顾先生，都是这样子照顾的。

后来，我的妹妹也来了。

那个时候，我妹妹才六岁，因此，我除了照顾父亲，还要照顾妹妹。

现在，我的记忆很清楚，有好多的画面，都在我的头脑里面放映着。

我清楚地记得，我先要把我父亲的事弄好，瘦肉汤煮好，牙膏弄好，然后还要带妹妹，不但要照顾妹妹的生活，还要带着妹妹过马路，送她到莲坂小学去上学。

那个时候呀，我对妹妹很好的。我现在想说，我对我妹妹真的是很好啊，但小的时候，我妹妹也没少挨我的揍。

为什么揍她呢？哈哈，因为她年纪小，那时候不愿意去上学啊，而且拖拖拉拉的、哭哭闹闹的，那么早起，很不愿意。我是属于那种很硬的性格，也很急躁。我这边在赶时间，然后，妹妹又拖着不去上学，因为她毕竟离开了我妈妈，年纪又小，比我还不适应啊。

我送完她，还要赶到我的学校去上学。时间来不及，我就着急，有的时候就会揍她，哈哈哈哈……

我好不容易把连哭带叫的妹妹拉到她的学校去，然后，我自己再骑个自行车到九中。这样子，每次我都会迟到，就被老师叫到教室后面去，站在后面。

哎呀，每次被罚站，我心里面都特别恼火。

我记得，那时候的我留着两条马尾辫。在老家的时候，每天都要梳理，那是爱漂亮的小女孩家的心肝宝贝。

上学到了九中，按学校规定，我那个马尾辫不能留，要剪掉。那时刚从乡下来，因为当时乡下人对头发特别珍惜，舍不得剪。我更是把两条辫子看得比生命还重要，学校要我剪，我就不剪，结果天天被批评。

也正是因为当时我是留长辫子，而其他同学都没有，因此，在班级里，有些同学不理解，对此很不屑，也嘲笑我，给我取绰号“马尾辫”，说我是“lai duo a”[①]。

然后呢，就被他们叫作“马尾巴的功能”。那好像是一部电影里嘲笑人的台词。

“马尾巴的功能呐！来了来了！”

“马尾巴的功能来了哎！”

因为这两条辫子，我就那样，被那些同学取笑。再加上普通话学不好，读音又读不准，因此，她们经常指指点点，说我是“lai duo a，lai duo a”……

当然，这样看不起或者嘲笑外来乡下同学的事情，难免会落到一些因为各种情况转学来的同学身上。

我就有一位同班同学，来自福建中部的三明地区，也是乡下人，常常被取笑，所以我们反而相互走得很近，关系特别好。因为他也是属于外来的。小孩子嘛！你总得要找一个跟你同病相怜的人来去做好朋友。

多年以后，我们还是好朋友。我这个朋友后来也留在厦门，还娶了厦大的一位美女做太太。到现在，我和他们一家每年都要聚

---

① 闽南语，意思是内地人、乡下人，是带有歧视性的称呼。

会一下。唉，真的，有时候，比如现在，我就会想想这个同学，虽然是很久没见他，但是，我们在同学时期就结下了友谊，感情跟工作以后再认识的许多朋友们，确实有些不同的，就是从心底里面，觉得我们的那个友谊还是比较纯粹的。

很有意思的是，多年以后，那几个当时特别看不起我的同学，现在也是我的好朋友了。他们现在也很有成就，都在各自不同的岗位上获得了成功。我们三不五时地聚会一下，互相交流。

在这里呢，我还有一个非常好的回忆。那就是对我的老师的回忆，特别是我初中的时候，白老师来当我们的班主任。这个白老师，当时是教英文的老师。他对我很好。后来，他还一直当到了副校长。

到了后来，他知道我工作了，开了这样的一个石雕厂，还专程过来看我的作品，还把我的事迹，专门放在学校里的展览室里展览宣传。白老师还用实际行动，支持我们这种传统影雕文化，我真心地想把我的影雕送他，他坚决不要，他掏钱来买，而且一分钱都不能打折给他。他来买我的影雕作品，送给他香港的朋友，以实际行动支持我创业，支持影雕这门传统工艺。

哎！像这样的老师，真的是值得尊敬的好老师！

但是当年，那个时候，真是一段艰苦时日啊。后来，因为妹妹比较小，原本不想来，来了以后，又日夜思念妈妈，又哭又闹，待了半个学期就回惠安了。在那半个学期里，我又要照顾妹妹，又要每天接送她到莲坂小学，然后自己才能折去学校上课。真是又累又苦，一种说不出的感觉。

我那一段时间，每天都觉得睡不够，而且，又真的是很自卑很自卑啊，老是迟到，我自己都很恨！恨什么怪什么又没办法说清楚。

我至今都记得那时候，另一个班主任马老师的眼神。

为什么老是会迟到呢？因为要照顾好父亲，给父亲做好早餐，弄好洗脸、刷牙用具，还要带妹妹去读书，然后才自己再到学校里去。但是这个是家里的事，我也不知道怎么和老师说。压抑！迟到了，总是被老师叫着站在后面，总是被我们那个马老师点名。

有一次开家长会，刚好我妈妈来，她坚持要穿着惠安女服装去参加，我怕再被嘲笑，就死活拦住了她。这个原因，我怎么也不能和我妈妈讲。

来厦门之后，我每每有一种人在异乡之感。“月是故乡明”。住在侨星味精厂那段时间，一到夜晚，我望着月亮，就想，妈妈是不是也在这个时候和我一起看着天上的月亮？心底牵肠挂肚般难过。[①] 14 岁的豆蔻年华，我背井离乡，孤身来厦求学，虽然有父亲在旁，但还是倍感孤单。那种对母亲的刻骨思念，至今萦绕心头。

“距离产生美。”如果回惠安，要坐 8 小时班车，路况很差，颠来晃去，晕车吐到连胆汁都吐出来。那时候，回去一趟很不容易，但每次都很开心。现在回惠安，一个半小时就到了，已经没有了那种近乡情怯的感觉。

我呢，就在这样的状态下，读完了初中。

到了初中毕业，就面临着一个选择：要么就是去读技工学校，要么再继续读高中。后来，我选择了去六中，读了两年的高中。到我读完高中两年，后面就改制了，高中就改成三年制了。

读完高中以后没考上大学，我做什么呢？想来想去，还是去读了一个技工学校。那个学校原来在 174 医院附近。我读的是会计，想学一点技术，以后出来进社会，好找工作。当年的那个技工学校后来又被别的学校合并了。再后来呢，就没有了。哎呀！厦门的城市发展真是太快了，我读的这个技工学校，现在也找不到了。

---

① 李雅华说到这，有点哽咽。

我记得后来读六中的时候，每天来回到父亲住的地方太远了，我家有一个远房亲戚，住在大同路，那种原来厦门特有的骑楼建筑里。

骑楼，其实是很漂亮的，很有建筑特色的，廊道外可以行走，可以在多雨的天气，让路人不被雨淋。

我亲戚住的那个地方，当年是一个很旧很老的骑楼了。巷子里头都是“暗摸摸”的。有的时候，晚上在里面走还会迷路，那时看着每栋楼都差不多，钻到巷子里去，走错了就迷路。

我为什么记得这个事？因为离家远，后来就借住到那里了。

那时候，那边有一个老饭店，叫什么饭店我记不得了，这个饭店就是一个路标呢。沿着饭店这一条线走下去，我的远房亲戚就住在那里。当时，他们家住的是那种公房，他家里有一个男孩一个女孩，年龄也跟我差不多，我就住在那里，离学校近，也有同龄的孩子一起玩。

从那以后，就是礼拜六、礼拜日，我才会回到莲坂，来跟我父亲会合。

那时，正好是我的青春期，我还写了一本日记。很多年以前，我带着这本日记参加工作，记下自己的心得。到搬家一次两次的时候，我这个日记还找得着。现在，多次搬家以后，这本日记也没有了。

想起来非常的遗憾……哎呀，我记录了多少东西呀！从一个女孩到少女时期的心事和感慨啊，都没有了。其实，现在想想，我们一生，都是一个不断得到又不断丢掉的过程，最后，什么都会丢掉，包括我们的事业、家人、自己的生命……哈哈哈！

说起来，那个时候，我每天骑着自行车上学。自行车是凤凰牌的，16 寸的那种。车是很好的款式，但我还是经常迟到，迟到了就要被罚站。哇，真的感觉很丢脸。

班级里几乎都是厦门人，不少还是高干子弟。外地来的孩子被排挤、被歧视，难免会自卑。但我就想要争口气：我要坚强起来，就要让你们看得起。

骑车回莲坂，我总在想：我到底要怎样，才能让厦门人看得起。甚至我还在日记上做规划，我要如何才能留在厦门。那时候，我就一个想法一条筋，就自己给自己下决心，说：我一定要留在厦门！

那时候，外来人口要弄一个厦门户口很难很难。

那应该是20世纪80年代的尾巴，90年代初期。那时候，能有一个厦门户口，是不得了的事情了！那时候，厦门人看全国其他地方的人都是乡下人。

我在那个时候就暗下决心了。我这个人是非常倔强的。我天生啊，就是有那种不达目的不罢休的劲儿。我这个劲儿一上来，就给自己说，不管多难，怎么样我也要拥有厦门的城市户口。

因为我看我父亲再怎么努力，当时那种环境下，他作为一个石雕工匠，我感觉都是非常没有社会地位的。我想要改变自己的命运。

我也奇怪，自己总是有那么一股劲儿！当时，外来工匠是非常地、绝对地没有社会地位的。

那时候，社会上特别看不起这些手艺人，也没有什么“非遗”这种说法。

当然，那时候啊，我已经有一个特别的称呼，现在很多人已经不知道了，我的特别称呼是三个字：“万元户”！

什么是“万元户”呢？第一，我的收入达到了万元；第二，我还花了两万多块钱，得到了这个万元户的户口本：蓝印户口本！

很多现在的年轻人，都不知道这个历史了。厦门为什么要弄蓝印户口呢？因为厦门变成经济特区以后，要发展经济，城市也需要外来的建设者。那么，如果想在厦门留下来，开公司、开工厂、开店铺，花两万多块钱，就可以买一本蓝印户口本了。

这是特殊时期出现的特殊政策。

就这样，除了常住的厦门本地户口，就多出了一个蓝印户口。这是当时的一种政府政策。现在这个蓝印户口也没有了。我想告诉大家的是：当时，我是第一批拿到这个蓝印户口的。第一批！这样我就成了一个厦门人了，哈哈哈哈……我如愿以偿成为厦门第一批拥有蓝印户口本的外来人口。

我终于扬眉吐气，成了城市人了。厦门户口的荣耀后面，是艰辛，是奋斗。

想想刚来厦门的这段生活，一边受着委屈，一边就想着尽早"出人头地"。事物总是相互转化的，有时候，消极也会向积极转化，转化为一种鞭策，转化为积极向上的精神动力。

初中毕业照(1983年)，二排右三为李雅华

刚来厦门时，给在惠安的妈妈写的信(1982年)

三 既当司机又当秘书

在当时人眼里，考上大学，毕业后坐办公室就是最有学问、最有出息的。我也想啊，所以一开始并没有想要从事石雕行业，一心想考大学，然后找一份体面的工作。但我没考上大学，去读了中专。

我在那个技校学的是会计。那这个会计工作对今后有什么影响呢？对今后的事业、工作有没有用？我现在看来，不管学什么，其实都是有用的。你看，学了会计，最起码我可以看什么收入、支出，什么余额、盈利明细表呀！哈哈，还有一个库存啊、登记核销呀等等的。当年，开始工作时还是很有一些作用的，但是现在都忘了，哈哈哈哈……以后，我又去进修了EMBA。不管学什么，学习之后，多多少少都有益于自己。

当年在那所职业学校，读了一段时间，觉得如果再去学影雕，那该多丢人啊。所以中专毕业后，我去学车。你看看，学会了开车，还真是想不到，后来还真的开了一段时间的车。

那时司机职业显得高大上，的士司机是一个被人羡慕的好职业。能当出租车司机的，都是“牛人”。我就跟父亲说，要不我学开车去？父亲同意了，送我回惠安的驾校报名。学个车要七八千块，在那个万元户的时代无疑代价高昂，况且还得跑回惠安学，找个正儿八经的驾校，整整要学一年，再实习一年才会有“红本子”，否则只能是“蓝本子”[①]。

我们这个驾校班有108个学员，总共就五六个女的。第一天的开学仪式，大家举行了联欢，那是我平生第一次喝酒，喝的好像是白色的葡萄酒，吐得一塌糊涂，哇，很出丑。

开车是个技术活，至少需要学半年，先拿到蓝本驾照，再拿红本驾照。学开车异常艰苦，不是现在可以比拟的。当时学车用的是老解放牌汽车，车型很长很长，方向盘很高。我个头矮，又瘦，坐在里面，从外头看别人还以为是“无人驾驶”，哈哈哈……

每次轮到我练，师兄们就搬上很多枕头，给我底下垫两个，背后还要垫两个，这样才能看到路。那方向盘很大很重，每次打方向都像拔河一样，因为车子走的是“抬速”。

车子启动不像现在用电门，而是用手摇发动。每次启动，都要拿一根铁杆子在车头用力摇一下，同时还要一个人坐在车上踩油门。那个时候，幸好遇到一位好师傅。师傅人很好，快要考试的时候，还给我们买洋参，让我们有力气打好方向盘。

当时学车，同时还要学维修，不像现在的“快餐”模式。我个子

① 那个年代，蓝本驾照证明你可以开车上路，但还是实习阶段；红本驾照才是正式的驾照。

本来就不高，加上晕车，本不是学车的料，但学着学着，居然不会晕车了。那个时代学车的人少，不论男生女生，会开车都会让人刮目相看。作为一个女生，我学成后，自我感觉良好，很有点骄傲，哈哈。

等拿到红本驾照后，有人推荐我去一家电子公司。公司在如今莲花附近的电子大厦，给一位老总当司机，同时兼任秘书。老总姓沈，50来岁，是从北京调来厦门做电子原配件的，后来离开厦门，去辽宁省丹东市当市长。

沈总很有亲和力，每次都叫我“小李”。他对厦门不熟悉，拜访厦门政商各界人士时，经常会带上我。

人这一辈子总会碰到几个贵人，影响你一生，或者在你人生中，起到“机遇点”的作用。沈总，就是我人生中的一位“贵人”。

不过，我更信奉这样的观点：逆境，才能真正锻炼人，真正促进一个人的成长。

当时公司有一个办公室主任，也是北京来的。北京常来人，要接待，没有轿车，就叫我开着六座的日本得胜牌[①]车子接送。每次只要我出车回来，上楼，在七楼办公室刚想坐下，那个办公室主任就赶紧叫我：“小李，去洗一下车。”

你们想象一下：那时的我，小姑娘，十八九岁，又瘦，又娇小，拿着抹布、桶、刷子，在大冷天的地下室里，一个人默默地洗车。

哇，水凉刺骨。

那时冬天是真冷，比现在的冬天要冷得多。

---

① 得胜牌：日系汽车三剑客之一日产旗下品牌之一，达特桑(DATSUN)，是日本在欧美市场上的品牌，早期在我国香港也有，名字叫作“得胜”。

19 岁时的李雅华

四　有贵人“指点”

沈总在厦门待了两年，我给他开了两年车。后来，沈总要回北京，临别前叮嘱我：“小李，开车不是一辈子的事情，你应该跟在你的父亲身边，好好辅助他。”

在厦时，沈总策展过一次“电子展”，就在富山展览城。因为禾山一带有合作的熟人，所以他经常带我到这一带转悠。他认识的人多，离开之前，带我看了当时江头的一个地方，对我说：“小李，干脆叫你爸爸搬到这个地方来，大一点。”

那时候的江头破破烂烂。江头往上就是安兜，厦门通往集美海堤的必经之路，整个厦门就只有那个口，从安兜跨过铁路往机场、往集美海堤，然后就出了厦门岛。

我父亲就开始跟当地洽谈，最后如愿以偿租下了这片集体用地。

因此，我们第一个工厂叫"惠山"，地点就在如今的乌石浦底下。现在想想，"搬迁"在公司发展战略上是完全正确的，一来为公司发展创造了更好的条件，二来也开启了我跟父亲一起工作的历程。

之前说过，约1986、1987年间，父亲因为承接了地处莲坂的味精厂的发酵池，所以在工厂对面开了个石刻店。我也由此在莲坂住了有六七年。正是听了沈总的话，才下决心离开电子公司，跟随父亲到江头继续创业。

就这样，父亲从莲坂的一个茅草屋，搬到了江头禾山，腾挪出更大的发展空间。

从这里开始，我就一直从事石雕行业，至今不悔。

五　哭着鼻子学石雕

虽说从小在惠安长大，父亲又是石雕师傅，我也算是在一群石匠中慢慢长大的，但直到来厦门后，才真正开始学影雕。

小时候，因为父亲在当地小有名气，而且收了很多徒弟，我从小就感受到父亲给家庭带来的荣誉。那是60年代，生活异常艰辛。作为一个石匠的女儿，在惠安乡下，我日常接触到的不是錾仔、铁锤，就是石板，不像城里的孩子，随手拿起的就是一张纸、一根笔。我跟他们完全不一样。

有一阵子，我忽然对石雕很感兴趣，喜欢在石头堆里转来转去。那种打石头的声音，"叮当、叮当、叮当"，虽然单调，但很有律动感。我觉得挺有趣，时不时会去触摸那些工具。但按惠安当地习俗，父亲认为，石头是男人的世界，只有男人才能端这个"石饭碗"。更何况还有"传男不传女"的顽固传统呢。不过，出生在一个石雕之乡，生活在石雕世家，终究对我后来学习影雕、从事石雕行业，起到了启蒙作用。

在这种环境中，时常有人问我，是不是愿意跟父亲学？其实，我当时是因为考不上大学，才哭着鼻子跟父亲学。哭着学，是因为我真心不愿意学，老觉得学这门手艺会让人看不起，会被人歧视说，你就是一个打石头的。

或许是因为父亲的威逼，或许我们家条件不允许，不能像别人一样“补员”[①]去坐办公室，所以我认命了，“摸着鼻子”[②]半推半就地跟着父亲学起来。学着学着，慢慢对这门手艺有了好感。

来厦后，中专没读完前，父亲就让我跟他学石雕，我不愿意干，所以才闹着去学开车的。没想到兜兜转转又绕回来了，虽然有点不甘心，但终究还是服众命运的安排，跟着父亲走上了石雕这条道路。

这里有个小插曲，我也是在禾山开石刻店时，认识了龚洁老师。父亲是在参与集美鳌园建设的时候，认识龚洁老师的。我呢，因为当年做出口，一批仿古做旧的石雕要出口国外，那么必须找文物专家经过鉴定，不是真的文物才能出口。就这样认识了龚洁老师，然后就一直保持着联系。龚洁老师对于新的石雕作品做旧仿古很感兴趣。我就和他介绍如何在石雕上养青苔，如何把石雕放水塘自然陈化，如何用火枪加热石头，之后再将石头和石头摩擦，制造出年代感。哈哈，他们文物专家听了并看到这一批作品，感到很惊叹！这是在新的石头上创造出旧的东西呀！这是很有意思的事情！

我们由此结缘，我也因此在龚洁老师的启发和指导下，进入了文旅行业。我很感激龚老师，包括在惠和的闽南文化建设上，龚洁老师也都提出许多建议！现在想起来，都是感激！

当年和父亲工作时，我就像个“假小子”，剪了头发，穿着牛仔裤，随便穿上一件T恤。干的活，全部都是男孩子的活儿。尤其是

---

① 补员：当时一种特殊的就业政策。

② 摸着鼻子：闽南语，意思是不情愿但又不得不接受。

开着拉石头的大货车，别提有多威武了。有一次送完货，我从车上下来，跟甲方沟通交流，对方惊讶地发现：啊，原来是一个女孩子！

对方当时似乎对我佩服得赞不绝口。他们觉得我今后必成大事，而且是那种能够扛石头走天下的，哈哈哈。还有，就是每次上山采石，我也都被当成父亲的儿子。

那时到矿山买石头可以赊账，年底了再一起结，成本比较低，不像现在。

再讲回学艺这事。跟父亲学手艺那几年，真的很辛苦。父亲技艺高超，但很威严，性格也暴躁，我们全家都惧怕他。他对我相当严厉，不太有耐心跟我们讲具体怎么做。学艺过程中，一旦发现我不认真，比如说，人坐在那，心思已经在开小差了，他看到了就挥手一巴掌打过来。做影雕时，正确的声音像音乐，很有节奏、很清脆，他一听到声音不对劲，就马上站我后面，盯着看，如果我稍稍走神，手上的声音走调了，他同样一巴掌盖过来。

那是一段痛苦的学艺阶段。我是一边哭，一边学。

刚参加工作的李雅华

影雕作品《惠安女》(1990 年代)

六　差点被石狮子砸中

跟父亲学雕刻，就在家中学。家里大厅，堆满了父亲做的大狮子、小狮子。

一年多后，某天我正拿着錾仔在雕刻，坐在那貌似用功，其实走神了。恰好父亲从外面回来，看到我做影雕时心不在焉，怒不可遏，随手从供桌上抓起一只石狮子，朝我砸过来。

当时，厅里供桌上摆放着祭拜土地公、祖师公的神像，还有一件还没雕刻完成的半成品石狮子。我就在这个供桌边上做影雕。幸好我妈妈进来，看到父亲在发火，赶紧从后面抓了一下父亲的衣服，父亲被拖拽退了两步，那只狮子就砸在地上。这个石狮子足足有一二十斤，我的天啊，如果那只狮子砸到我，那就完蛋了。

记忆中的父亲不苟言笑，对我只有批评，从不表扬，永远不怒自威，难以亲近。但是，父亲年老的时候，却说，哎呀，生女孩还是不错的。

父亲临终时，跟我妈妈开玩笑说，能不能去哪里抱养个女儿啊。

父亲的这种教育方式，对于手艺人来讲，也许有其必要性，严师出高徒嘛，但从教育孩子的角度看，往往会造成孩子叛逆的后果。

影雕作品《纤夫》(2004)，获“福建省首届青年民间工艺品制作大赛银奖”

七 我的“第一桶金”

石刻店开业后，父亲忙里忙外，业务主要还是以民居石雕制作为主。父亲这种手艺，到了20世纪90年代初期才真正派上用场。他专攻建筑石雕，龙柱、佛像、墙壁、门堵等等，这些传统的雕刻大量运用于古建筑，尤其是寺庙的建设。

当时刚刚对台开放，一时间很多台湾同胞过来大陆。两岸同

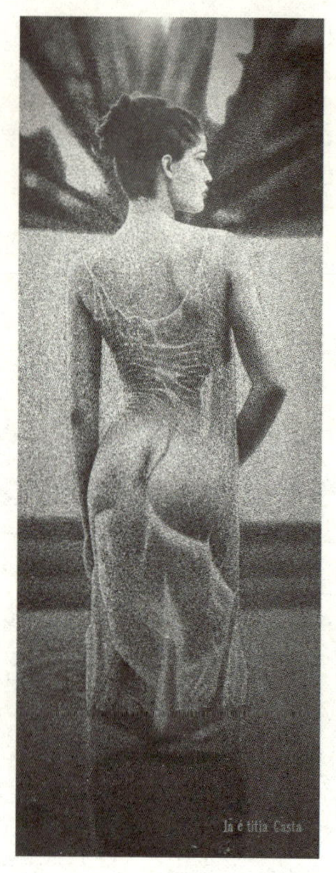

影雕作品《卡斯塔》(1995 年)

源,他们的文化也是以闽南文化为主。台湾庙宇密度之高,令人咂舌,所以台湾对传统石雕的需求量巨大。

学艺艰辛,实话实说,年轻的我就是不喜欢。终于学满三年,发生了一件事情,让我有了点成就感,开始激励我往这个领域发展。

记得当时,台湾同胞来大陆,不能直飞,须由第三方进来,从我国香港或新加坡。台湾同胞找我父亲定制石雕,走货柜,也必须经由第三方才能运回台湾地区。

更早时候,父亲做的一些石雕,像如今台湾佛光山上那幅“祥龙”，都是用小船运过去的。没有正规贸易流程，没有所谓的“出口”，纯属民间私下交易。后来，台湾同胞可以正式来了，就通过货柜再经第三方（比如香港）进行贸易，转到台湾。

不少人慕名来向父亲买石雕，龙柱、佛像等，父亲就根据他们的图纸定制。大凡台湾的庙宇都会成立一个委员会，由委员会主任负责对外采购石雕。有一次，来了一位台湾彰化的客人陈先生，他当时需要一尊“玄天上帝”①石雕像，就是一脚踩乌龟一脚踩蛇的道教神像，要放在彰化的玄天宫，就让我父亲制作这尊“玄天上帝”。

当时的我，也做了一些影雕，比如十二金钗、八仙过海、十八罗汉这种传统题材，做完后也不在意，随意堆放在角落。由于一直在父亲的店里做，父亲始终对我的作品不置可否，所以我也不知道自己到底做得如何，心里很迷茫，没有底气。

这天，陈先生又来向父亲订购石雕佛像，一眼瞥见放在墙边的一幅《八仙过海》影雕作品，长度 1 米左右，高度 60 厘米，这是我刚刚完成的作品。

陈先生走过那幅影雕，然后又退回来，回头看了一眼，又看了一下，蹲下去仔细看，端详完这幅影雕，比了一个姿势，意思是让我妈妈把这幅影雕包起来。

最后，这幅影雕就随着他的货柜一起运回了台湾。

影雕打包完，我悄悄问那位收钱的。那收钱的是我们家一个亲戚，因为当时我们家就是一个小作坊，所以这个亲戚就过来帮忙。

“我这个影雕是送他还是卖给他？”我问。

---

①　玄天上帝：又称真武大帝，是道家神仙中赫赫有名的尊神，其道场在湖北武当山，是闽南地区最流行的民间信仰之一。真武大帝的造型比较奇特，道教经书中描绘真武的形象是披发跣足、身着玄袍、金甲玉带，仗剑怒目，足踏龟蛇，顶罩圆光，形象十分威猛。

那个亲戚说:“阿华,阿华,卖了,卖了。”

我就问她:“卖了多少钱?”

她偷偷给我比了两个指头。我还以为是两千,然后妈妈说是两万,哇,两万台币,当时折合成人民币大概五千块钱。

这在90年代初期,可是一笔大收入了。

从此,对这个手艺,我也有了一种从未有过的、不同寻常的认识。

哇,从此我觉得我自己扬眉吐气,可以挣钱了。

影雕作品《八仙过海》(1990年代)

影雕作品《马到成功》(1990年代)

第三章

扛着石头过河

“也许我骨子里的硬气，就来自父亲的遗传，来自父亲的言传身教。正是父母的榜样力量，养成了我今天刚毅的品性。”

——李雅华

因为是惠安女，所以我身上多了份男人的刚毅好强。

虽然创业很辛苦，但是追求事业的快乐始终伴随着我。我经常开玩笑说，别人都是“摸着石头过河”，我可是“扛着石头过河”。

不管是“摸着石头”还是“扛着石头”，惠和一步一步成长起来。

“惠和”这个牌子源于我当初另立门户，独自创业。其源起，就是寄望有朝一日能在事业上与我的父亲“汇合”。哈哈，我和我父亲一样，都是脾气比较倔强的人。所以后来，因为两代人理念不同，我离开父亲的厂子，自立门户了。虽然独自创业，可是情感上毕竟是一家人嘛。

我在“石头”这个行业里，从最初的石雕工厂，到后来调整缩小成石雕工艺品店，再发展到现在的艺术雕塑、园林景观、展陈工程、古建修缮、建筑幕墙、建筑设计等工程业务，兼及惠和石文化园石文化旅游、生活美学休闲、特色旅游纪念品等拓展，一路走来，初心不改：围绕石文化产业，“传承精湛技艺，弘扬石艺文化”，把石文化产业做大做强。

一 与父亲“决裂”

跟父亲一起生活，只有服从和照顾。跟父亲一起经营，我们理念不同，磕磕碰碰。最后，我自己创业，和父亲冲突更多。

这种冲突，成了我心中一辈子的痛。

父亲只读过小学。那时候的人，能读过小学已经很厉害了。虽然他也累积了许多经验，但毕竟有时候，看一些文字资料或者写点什么，他还需要我。

父亲做生意，不管谁来定制什么东西，他都不订合同。他认为我跟你说了就是算数的。比如说，你向我定制一对狮子，高度多少、什么形状、什么石头，然后也不用写什么合同，有时候客户只需要付一点点的定金。就因为这样，我们吃了很多亏，有时甚至很狼狈。比如：定金只是给个意思，到验货时，要么找不到人，要么人家找各种理由推脱，这时候做出来的石雕变得没人要，而且钱也要不回来。

父亲是性情中人。客户一般跟他直接说要什么石雕，尺寸多少，类型是什么，须三个月内交货，他就说好。当时都是口头约定，父亲也按时做好，大部分客户会信守承诺，说话算数，然后三个月后拿货交钱。

但有些人就不是这样，要么没付定金，要么货运走了没给钱。所以，那时候父亲总吃这种哑巴亏。

我开始逐渐参与父亲的生意。我跟父亲讲，我们要签合同，合同里有约定，才有凭据。其实就一张纸搞定，不像现在有规范的合同范本，无非一张纸写着订购合同，什么时间、订购多少、预付定金多少等等。但父亲说，这不好，这不好意思。

父亲老觉得我的想法没有人情味。这可能是出自工匠的淳朴本性，也可能是那时的环境下，人们都很朴实、很善良。后来，类似的事频繁发生，我们之间就会有争执，而且越来越大。

父亲为大，我最后都得听他的决断，但心里很不服气，也很担心。我还是坚持，合作双方一定要有一纸约定，但他始终认为跟人家立合同是一种不信任的表现。我们不断分歧，不断争吵。

还有跟人家借钱的事情。有一个老华侨，也是我的一位“贵人”。他对我非常好，觉得女孩子做事不容易，于是借钱给我们周转。但父亲借完之后，可能还有别的应急，就没按时还，哇，我好着急好着急。过年关口，按例要还人家钱，我跟父亲提，父亲就黑着脸很生气。还有一次，记得父亲要去坐飞机，我甚至追到了机场，非要他把借的钱赶紧还给人家，又把他惹怒了。但是，我觉得用人情跟人家借，一定要有信用。

经营中难免会因为理念不同而相互矛盾，有几次的争执还蛮大的。我也反思过，为什么那时有那么大的劲反抗父亲呢？也许我骨子里是“很硬”的，这来自父亲的遗传，来自父亲的言传身教。正是父母的榜样力量，养成了我今天刚毅的品性。

那时的我，会跟父亲拍桌子，哈哈，性格里有潜移默化的东西，像父亲，比较急躁。的确，两代人之间的传承，留下很多美好的记忆，也留下不少痛苦的伤痕。

由于在经营上跟父亲分歧不断，我一时冲动，就离开了“惠山”，在父亲店铺对面开了一家工厂，叫“惠和”。这是理念不同和因为年轻，造成的一种“决裂”。那个时候我年轻，性格也倔强，总想着自己一定会开一家比父亲更大的厂子，做出更大的事业。

如今的我不断自我检讨，常常告诫自己，对孩子一定要有点耐心，不能再犯那种错误。

但现在，似乎我怎么做，也都跟不上如今年轻人的思维了。

二 另立山头打擂台

年岁渐长，因缘际会，有一次跟台湾星云法师到四川成都。我也算是与佛家有缘，我名字中的这个“雅”字，就是在成都的文殊院，一个老和尚叫我改用的，把“亚”换成“雅”字。从此，李亚华，变成了李雅华。

那么，我为什么会认识星云法师呢？

因为我的一个客户是台湾花莲人，他在台湾花莲也是做石头的。这位客户姓黎，是客家人。黎先生是星云法师的弟子，邀请我一起陪着星云法师去成都。

星云法师带着一帮人，好像是要去大足石刻。我到成都后，没有陪法师他们到大足石刻，而是往雅安走。

这里面的原因是：雅安有汉白玉呀！

这个黎先生呢，他也知道在雅安有中国最好的汉白玉。于是，我们约好一道去了雅安。

雅安原先有很多兵工厂，到了和平时代，这些兵工厂有几百上千号工人需要转型。国家从北京雕塑厂派出老师，到雅安来教这些工人做石雕，他们就做了很多佛像。那时候我们家在厦门乌石浦设立了工厂，看到这些汉白玉佛像，我就想把它们通通买回来。

当时，厦门有一家公司叫川厦公司，就是四川驻厦门的办事处，我就通过这家公司的一个刘总协助我，买到这批佛像，放置在我们厂门口。

后来，这批汉白玉佛像被台湾同胞看中买走，记得交易金额是一百多万。

在那个流行“万元户”叫法的 90 年代初，轻轻松松，我就挣了二三十万。可以说，我真正的第一桶金是在四川挣的。

我开始明白：做企业可以挣钱！

通过这批货，我赚到了第一桶金。我就开始有了自己的想法。

那时候，惠安的石雕师傅有点青黄不接，新一代跟老一代接不上。对台贸易开放以后，需要大量石雕，但惠安师傅总跟不上，我天天着急生气也不管用。

业务衔接不上，总得想想办法。

我不是从雅安买了一批石雕吗？一来一往，我跟雅安的师傅们建立了良好的互动关系。我开始动脑筋引进西南片区的石雕师傅们，就是北京雕塑厂去雅安培养的这批工人。我引进了很多人，像师傅老何就是当年过来的。现在，惠安还有一家厂的主要师傅，也是当时我从雅安引过来的。

在惠和石雕厂与北京雕塑厂师傅合影(1995年)

现在我很喜欢吃川菜，跟这批工人也有关系，哈哈哈。我把这些工人带到厦门，他们常用的工具和这里的不一样，惠安师傅用的是錾仔，是尖形的，而雅安这些工人打大理石用的是宽的工具。所以，很是折腾了一段时间。

父亲很生气，他觉得，惠安的师傅是最好的，你还为何给我去请四川的。他瞧不上这些四川工人。

因为台湾同胞下的订单越来越多，我慢慢建立起自己的业务体系。外地雕工的尝试和适应，也是有得有失吧。不过，这批工人逐渐从“打平直”开始慢慢适应了花岗岩的雕刻。在这个过程中，父亲极力反对，我则坚持到底。我跟父亲产生了很多的矛盾，我坚持下来了。后来，这帮师傅死心塌地跟了我十几年。

父亲觉得，我就是不孝，简直都要“逆天”了。

由于在经营上跟父亲分歧不断，我一时冲动，就在父亲店铺对面再开一个工厂，叫“惠和”。这有点跟父亲打擂台的意思，哈哈。至今还有不少老禾山人知道，“惠山”在一边，“惠和”在对面，打擂台比武！哈哈哈……

这样一来，因种种原因，我和父亲的矛盾几近白热化。这批雅安来的工人也左右为难，虽然希望跟我到惠和，但毕竟他们都还在父亲的惠山石雕厂干活，碍于父亲的威严不知如何是好。最后，一部分工人来了惠和，一部分继续留在惠山。

我跟父亲翻脸，另立山头，客户们也很是为难。

因为在父亲店里，我已经成长为一位精明强干的业务人员了，擅长跟客户订立合同，建立长期稳定的合作关系。不过，台湾彰化的陈先生讲过一句话，让我觉得这一辈子都很受用，他说，同等的机会，他会给年轻人。

后来，这些客人都把订单给了我，选择相信我，这样更加剧了父亲对我的“恨”，恶化了我们之间原有的矛盾。

其实直到现在，我始终觉得当时并无对错是非，也正是我有这种勇气反抗父亲，所以才有今天的惠和。

因为分道扬镳，父亲在外面讲了我很多坏话。什么话都说，说我是“做贼”“大逆不道”。反正，我们这次吵得乱七八糟。我不愿意去听这些流言蜚语，也不愿意再想起那些点点滴滴的细节。

就这样，我背负了“不孝、造反”的罪名。老的禾山人，很多人都知道，我跟我父亲是如此不相容。

换了是现在，和父亲有再多的分歧、再大的冲突，我也没有这种毅然决然的冲劲。

我是那种自小看到父亲都会发抖的人，可是当年为了事业，竟然跟我父亲拍桌子，甚至掀桌子，想想那时我的那种强势……就像换了一个人似的。也许只有这样，人生才不留遗憾，这条创业之路才能越走越宽。

我结婚前后，是我们冲突最白热化的阶段。当时，我正跟安安（儿子戴毅安）他爸爸交往，我和父亲，也还没走到翻脸那一步。到结婚时，我们算是彻底决裂了。

这段时光，唉，唉，是我的至暗时刻……要知道，甚至我结婚大喜那天，我父亲都没有露面。

妹妹和妈妈夹在我和父亲中间也很难受。这段岁月，我曾在一个节目采访中讲到，说着说着就哭了，妹妹也在节目中，她也哭了。那段经历刻骨铭心，是我人生的一段隐痛。

有时候，还好，我想我这种人，脑袋瓜就像电脑内存，很容易把不良的东西自动删除掉，哈哈哈。所以我不记仇，真的，我不恨父亲。结婚时，父亲没来，也不允许我妈妈、我妹妹来，我是哭着嫁到人家家里的。但还好我已经有了自己人生的第一桶金，在莲花买了房子，我把新娘房安置在那。

和父亲足足冷战了五六年时间。我们的两间店，隔街对着开，近在咫尺，但彼此老死不相往来。妈妈和妹妹也不敢过来，她们要过来，就意味着背叛父亲。

后来父亲到龙岩投资了一家饲料厂，经营不善，亏了钱。至于惠山石刻店，我不在的时候，他就带着我妹妹和领养的哥哥，继续做些业务。再后来，由于身体不好，父亲就把惠山“收起来了”。惠山关闭时，已经负债五十几万。

我知道后，就接父亲到莲花的房子住，那时我已经买了牡丹园的房子，住房很宽松。接着，我把惠山清理掉，安排父亲治病、回老家，同时把那些债务还清。

父亲是 1999 年走的，从生病到走，前后也有五六年。那时，安安刚好出生，我跟父亲的关系就完全和解了。最后这五六年，父亲每每看到我，都会流泪。在他病危神志不清时，他跟我妈妈说，不知道女儿这么好。他还叫我妈妈有机会再抱养一个女儿。

那时候他是有一点“糊涂”了。看似时而糊涂，时而清醒，其实心底一直是明白的。

父亲曾经说我是“女儿贼”，其实是说我太好胜了，迟早要闯出一番事业来。在内心深处，我父亲那时候有点怕我超过他。两代人之间的传承不会风平浪静，总有“阵痛”，甚至彼此撞得头破血流。

在禾山，不少人说我“坏话”。他们并不了解真相，只是人云亦云。如果我一直对父亲亦步亦趋，到处投资，到处被人骗，那他后面欠的钱谁来还？那只能大家一起沉沦，更别说有今天的惠和了。

今天要是惠和没做好，我也甘愿认输。这就是我理解的“阵痛”。

父亲到最后对我还是认可的。传家续业，我们都不容易。作为一个传承人，一定要有使命和情怀，才能抱着石头一直往下走。

从一开始我不想做石雕，到学车去沈总公司当司机，再到后来，碰到一个台湾客人把我作品买走了，我才醒悟凭这门手艺是可以挣钱的。关键时刻，有机会去四川，做石雕生意赚了第一桶金。从此，我就一直坚定地走在石雕经营这条道路上。

如今，惠和走出了一条属于自己的经营之道。我希望我这一路走来的种种艰辛，能给年轻人一些启示。世上没有不劳而获，通过自己踏踏实实的努力，一定能赢得别人的尊重和肯定。

在北京考察石雕(1980 年代)

在东北考察雕塑(1990 年代)

三 婚姻之痛

一边独立自主创建“惠和”品牌，一边持续关注旅游市场，着力开发旅游纪念品。与此同时，我也组建了自己的家庭。

这个过程错综复杂，充满戏剧性。孩子的父亲是加油站的一个工人。尽管我们父女之间唱对台戏，关系紧绷，但父亲始终关心我的个人问题，就是不同意这门亲事。孩子父亲生在厦门、长在厦门，是所谓的“厦门人”。不少厦门本地人特别有优越感，好像除了厦门，看哪都是乡下。

当时的情况是：只要嫁给厦门人，就可以把户口迁到厦门。虽然我和孩子的父亲已经确立了男女朋友关系，但我内心好胜，性格倔强，下决心要自己想办法将户口先迁到厦门，然后再结婚。

经过努力，我有了厦门第一批的蓝印户口。记得当时是花了两万多块钱吧。在那个“万元户”令人侧目的时代，口袋里有一万元，就可以成为人们眼中的“富翁”。

但我的感情发展却磕磕碰碰，并非一帆风顺。我有我的家传事业，孩子的父亲有自己的固定工作。他后来也辞了工作，和我一起做石雕的经营。我从小就是惠安女的性格，特别能吃苦耐劳，特别有责任感。孩子他父亲是“城市人”，有他的个性和做事风格。为一些鸡毛蒜皮的琐事，我们开始争吵和冲突。

我觉得，婚姻没有是非对错，双方有各自的使命，背负的责任也不一样。最后，大家往各自的方向去努力，走出不同的命运。

孩子刚出生时，我也迷惘过一阵：到底是以家庭为主，在家当全职妈妈，好好做个贤妻良母呢？还是要继续经营手头这份事业，传承好石雕这一门手艺？心里很纠结、很矛盾，但考虑再三，我还是觉得全部时间都用来相夫教子，不是我的人生目标。

我怀着热忱，回到繁忙的工作中。家庭和工作，我尽量兼顾，希望两全其美。在孩子的养育方面，虽然有保姆阿姨协助，但我还是坚持陪伴，尽可能全程呵护孩子的成长。甘苦两头，冷暖自知。

事业发展总会有高有低，波浪起伏，惠和的生意进入到一个低谷。

那时，儿子安安已经读小学，女儿秀秀还在念幼儿园。关于企业如何走出困境，如何继续发展，我跟孩子父亲的理念不一致。我们的矛盾不断升级，最后到了分道扬镳的地步。于是，他选择离开家庭。

惠安女人的本性之一，就是母性特别强烈。所以不管付出多大代价，我都选择两个孩子一定要跟我一起生活。为此，在离婚的财产分割部分，我放弃了很多。

婚姻的失败，家庭的挫折，令人痛苦万分，就不再多说了。我相信大凡有同样经历的每个人，都有一肚子的苦水。

那时，我的母亲给了我精神层面上很大支持。她这样说："孩子他父亲要多少钱都给，不要紧，万般靠自己的骨头会长肉。"她的看法豁达，钱是身外之物，只要是钱能解决的问题都不是问题。

就这样，在老母亲的一语道破下，我决定离婚了。

我特别感谢我的母亲。讲到这个婚变过程，我还是要讲一下我妈妈。

我母亲目不识丁，普通话也不会讲。每次，我们夫妻俩在吵架，我的婆婆都会买猪肝啦、猪腰啦，放进我们家的冰箱。婆婆没和我们住一起，她交代我们家保姆小丁阿姨说，这是煮给大哥（孩子父亲）吃的。结果，大哥一天两天都没回来，我打开冰箱，发现有味道，猪肝或猪腰坏掉了。

我就问小丁，"小丁，你怎么东西买来都不煮？"

小丁很委屈，说："这是奶奶给大哥吃的。"

我的婆婆用这种方式支持她的儿子，给她儿子撑腰。

但我母亲不这样。她看到我们两个吵架，如果吵得比较严重，就会一大早，从莲花走到我们松柏家里，等我起床后，就开始用闽南话数落我，“夭寿[①]啊，你这样男人不像男人，女人不像女人”。

她批评我没有把家庭照顾好。而我，却觉得相当委屈。

有时候，我会回到莲花，委屈着哭诉，“为什么要当着别人的面，反复说我的不是？”

我妈妈就讲：“夭寿啊，我没有说你不对给别人看，那怎么可以？这是做母亲的本分，有事情那你回来这，再跟我说。”

夫妻关系最恶劣的时候，孩子他父亲开始动手打人。有一次比较严重，我去了我妈妈那，妈妈发现我有伤痕，就会问询，我也忍不住哭着告诉妈妈实情。

母亲立马打电话给我婆婆：“我们对孩子，从小到大，虽然是很严格，但也没打过，有什么事情为什么不用讲的，一定要动手？”

“亲家母，没关系，年轻人的事情让他们年轻人去处理。”婆婆却若无其事地回答。

婚姻不可挽救的时候，反倒是我妈妈最清醒，她认为不能再这样过日子，该断就要断。真的，有时候想想，我母亲是常常心如明镜，未必需要了解事情所有的来龙去脉。世上之事原本就没有那么复杂。

有一次，我希望惠和石文化园落地在杏林湾的园博苑，反复折腾，付出了许多努力，最后没能如愿在那落地，这令我很沮丧。我妈妈知道后，就讲一句话说，“没有也不一定不好”。

哇，我一下子被她这句话点醒。因为如果真的落地在园博苑，那块土地很大，投资巨大，势必走上一条布满荆棘的艰辛之路。后

---

① 夭寿，闽南语，常用于大人责骂孩子。

来正因为没有选址园博苑，也就调整到现在忠仑公园这个位置。

随着年龄增长，回望当初，从前一些很俗很土的话还是有道理的。再举一例，当时我要结婚，妈妈就经常向我叮嘱，我一定要有私房钱，虽然起初这句话听起来很好笑。

创业的过程中，还有两件事我要特别补充一下。

一个是我盖石文化园的这段时间，发生了婚姻变故，家庭离散，两个孩子需要抚养，这是我人生中最受挑战的时候。我用忙碌，用这种不去揭开伤疤的方式去面对、去承受。

那时候，我每天晚上十二点多、一点才睡，凌晨四五点醒来，几乎每天只睡三四个小时。早上保姆配合着一起照顾两个孩子上学，一个是读小学三年级，另一个才刚刚要上幼儿园。我坚持接送孩子，保姆主要配合做家务。孩子接送完全是我自己一个人。做完这些，有一件事情我一定会去做，那就是去锻炼。游泳、跑步，出好多好多汗，舒展心情，然后像战士一样，回到园区接受各种挑战。

另外一个就是孩子父亲一直不服法院裁决。他已经分到了50％的财产，但如果我还想要小女儿的抚养权，就必须再把我的这一半给他作为条件。

我一直很感慨，父母给了我强壮的身体，也给了我一颗坚强的心灵。如果换成一般人，遇到这些情况往往手足无措，也就“趴”下去了(倒下去)。但我一直化悲痛为力量，激励自己，成就自己。一路走来，心怀感恩，虽然为了孩子自己付出了心血，但也正是他们一直在人生的道路上，无论是通途还是十字路口，不离不弃，真真切切地陪伴着我，与我同行。他们是我的希望！有了他们，人生似乎有了更明确的目标，就有坚强的意志去抵抗各种压力和挫折。

两个孩子，我都把他们送到国外去求学。当时整个社会环境也比较浮躁，儿子也不适应国内的应试教育。但对我而言，送他们出国更主要的原因是，我不希望他们因为家庭的破裂，受到直接的伤害。后面这个原因，其实大于社会环境因素。

庆幸的是，孩子们都顺顺利利成长。

我一路走来，遇到的贵人很多，在美国也遇到了良师益友，可以帮助孩子克服生活上的困难，让他们可以平安地读书。也许，有些家长把孩子送出国，除了保持一定联系，就没办法亲力亲为去照顾或看望。但对我而言，尤其是那个非常时期，孩子比任何东西都重要。

所以，我这个连普通话都说不标准的老工匠，竟然一年之内能够一个人飞两三趟到美国去看望孩子。因此，一路上闹出了很多笑话。比如说，在飞机上，要喝热水，却不懂英语怎么说，只会一句“茶，茶，tea，tea”，结果，喝了一肚子的茶。飞机到香港转机时，我始终走不出那个舱门，腿都发软了。

哈哈哈哈！在飞机上真的没办法，因为语言障碍，反正是闹了不少笑话。

与妈妈、妹妹、女儿外出旅游合影(2004年)，右二为李雅华

四 闽台缘

闽台两岸,同根同源。两岸"三通"后,我经常去台湾,台湾朋友开玩笑说,我去台湾就像"走灶脚"[①]。无论艰难创业,还是婚姻之痛,我都得到了很多台湾朋友的帮助。

最早的渊源,之前提到过。90年代初期,台湾彰化玄天上帝庙的主委陈先生,来跟我父亲订做石雕,买了我的一幅影雕。我这才真正意识到,我也可以凭自己的真本事挣钱,从此放下了自卑,放飞自我,并由此发心要将影雕工艺发扬光大。

自从有了自己的公司,我就开始跟台湾同胞做石雕生意。"三通"前,货品要通过我国香港、新加坡,借助进出口贸易,从基隆港入境台湾。

台湾简先生在基隆港海关工作,我的客户都是委托他帮忙办理进关手续,所以他处理很多单据都要跟我直接通电话。我对进出口贸易也很熟悉,哈哈哈,CIF(到岸价)、FOB(离岸价),美金,我都懂。甚至包括,20尺的船能够装几吨,40尺的能装几吨,尺寸要怎么排,到基隆港的海运费、保险等等。

我跟简先生因为经常通电话,再加上都讲闽南话,我们就慢慢熟悉起来,最后他就认我当干女儿,我叫他简爸爸。开放"三通"后,简爸爸和简妈妈就过来看我。这一段时间,正是我跟我父亲冲突白热化的阶段,简爸爸和简妈妈成了我当时创业立业最大的一个支撑力量。

人一辈子会碰到很多贵人。简妈妈是简爸爸的第二任妻子,

---

① 走灶脚:闽南话,形容去一个地方很频繁,就像去自己家的厨房一样。

简爸爸和前妻还有个儿子。简爸爸退休后，在台湾原本是可以靠一次性退休金安度晚年，但他把钱给了这个儿子，结果儿子把钱挥霍殆尽。所以，简爸爸退休后的生活是比较凄惨的。

刚创业那会儿，简爸爸对我很好，一千、两千美金地支持我，甚至会一早打电话来叫我们上班，对待我就像是自己的亲生女儿。投桃报李，我对他的晚年生活也很照顾。

他跟简妈妈生了三个女儿，二女儿和二女婿不幸去世。我把二女儿家的儿子接到厦门来工作，孩子叫彬彬，在我们园区工作了两三年。我也养着简妈妈。简爸爸晚年生病，我特地去台湾照顾，负责他所有的医疗花费。

滴水之恩，涌泉相报。

但简爸爸过世后，我也知道要掌握分寸。他的女儿、女婿吃不了苦，又要过好日子，我就渐渐跟他们疏远了。他们年轻人有条件自己养活自己，我总不可能负责到第二代，也照顾他们一辈子吧。

简爸爸是我在跟父亲翻脸后，找到的一种寄托。作为长辈，他一直鼓励我。他经常说："阿华，你成也萧何，败也萧何，就像你一边背着一个'功德'，但一边却一直漏出去。"这句话，很令我感到慰藉，我内心至今都很受用。

谈到跟台湾的石雕交易，早期因为两岸还没开放，我父亲都是用船偷偷将石雕运到台湾安平港，这是一种两岸特有的民间交易方式。当时，他们需要石雕，但又没有合法的渠道，只能通过民间交易，通过舢板船运过去，有的会在中途沉到海底。

到了 80 年代，可以贸易了，当时台湾可是"亚洲四小龙"之一，"钱能淹脚底"[①]。后来，厦门有个五矿公司，它有出口配额，我们就通过进出口走。我接手业务后，开始通过第三方通商模式。我

① 钱能淹脚底：闽南话，形容钱很多。

们的石雕事业随着两岸关系的发展逐步合法化，快速发展和繁荣起来。

在台湾，我有个师傅，法号叫禅心，我就是在他那里皈依的。

禅心师傅的寺院叫白毫禅寺①，我二十几岁还在父亲工厂的时候，就给寺庙提供了很多石雕。1999年台湾“九二一”大地震时，我修复了寺庙很多东西。前阵子，我还给禅心师傅做了一幅人物肖像影雕。他现在已经七十几了。

两岸文化同根同源，一脉相传。我父亲曾经创作了两幅石雕《祥龙》，一幅在台湾佛光山，另外一幅，就保存在我们厦门的石文化园。

台湾大庄慈云寺的惠安石雕(一)

① 白毫禅寺：位于南投县名间乡万丹村舍光山上，1989年由禅心师傅创建，主祀释迦牟尼佛。

台湾大庄慈云寺的惠安石雕(二)

影雕作品《星云法师》,创作于 2015 年

南普陀寺方丈赠予台湾星云法师惠和影雕作品

五 助力城市雕塑

惠和经营期间，值得一提的是，2003 年我们参与了厦门城市文化与艺术策展活动。这件事，对惠和石雕工艺质量的提高有着特别的意义。

这一年，政府有个文件，邀请了国际上二三十个雕塑家来厦门住了一个多月，替厦门创作出属于厦门自己的雕塑作品并展出。这个活动的定位是以“大海·音乐”为主题。这是有史以来厦门组织的最高规格、最大规模的雕塑展，从来没有过，后来也没有再做了，可以说是盛况空前。

2003 年中国厦门“大海·音乐”雕塑展开幕式，副市长潘世建（左二）主持

厦门“大海·音乐”雕塑展作品之一

当然，请国际雕塑家们到厦门来搞创作，必须要有一支配合的团队，不仅要有配合的石材供应商，而且还需要一些雕刻工匠。我的朋友何崇梅是厦门日报社派出的这场雕塑展的招商负责人，负责对接赞助企业的采访和赞助回馈。她知道我是专门做惠安石雕的，不仅传承了影雕匠心匠艺，而且还拥有一批石雕工匠以及雕塑作品的营销渠道，所以她就找到了我。

同时，政府也来跟我们谈，希望我们能赞助一些石材。因为那个时候惠和在湖里江头有一个展示窗口，用来展示我们研发创作的石雕和影雕工艺作品，并累积了一定的游客关注度。我想，如果能多认识国外的雕塑家，跟他们学习，多多少少能提升一下惠和的工艺水平。出于经营上的前瞻性，我们连同工匠，还有石材、现金，总共赞助了接近80万元。

由此，惠和成为那一年“大海·音乐”雕塑展最佳的合作伙伴。基于此，那个展示窗口成了今天厦门惠和石文化产业发展的摇篮。

除了赞助，我们也积极参与制作招标，并最终承接了这些雕塑的制作。流程就是每一位雕塑家创作小稿，再交由我们制作成大型石雕。当时来的雕塑家，都是国内、国际上获奖的名家，他们带着设计稿来厦门创作。惠和作为这个雕塑展的合作伙伴，全力以赴组织了数十个工匠来配合，把这些雕塑家的设计稿转换成雕塑作品。我们还需要提供雕塑作品所需的石材，雕塑家们对石材的具体需求千差万别，而且很多需要在全国进行紧急采购。

惠和还承担了大量繁琐的工作，克服了许多难以想象的困难。包括和很多国外雕塑家沟通的语言障碍，包括运送过来的石材如果不是雕塑家们所要求的就要马上重新置换，包括有的雕塑作品体量过于庞大而造成整个安装有技术难度，林林总总。

那个阶段，整个现场就是一个庞大的工程加工车间。我每天戴着一顶帽子，在现场细致协调、具体对接。包括对接雕塑家的一些需求啊，包括把设计稿拿到厂里面去做转化啊，也包括对我的工人们的调度安排。每天忙得团团转，真可谓风风火火、任劳任怨。

通过这段时间的工作接触，我跟何崇梅成了相知相惜的朋友。

何崇梅每每说起这段往事，总说很佩服我，佩服我的这份执着，这份实干。她认为我浑身上下都散发出那种斗志昂扬的工作态度，像一个不服输的男人，哈哈。总而言之，她觉得只要有我在，那届雕塑展就一定能顺利圆满举办。

我跟她说，没什么啦，我就是一个跟石头打交道、扛着石头过河的女人。

何崇梅是优秀的媒体人，她说“扛着石头过河”，就是对我人生的经典定位。

事实也证明，我和我的团队有实力、有斗志，就是厦门这场首届国际雕塑展的杰出贡献者。这一点，也是我的骄傲啊！

至今这些雕塑还放在环岛路、白鹭洲、机场等厦门城市的各个角落，成为厦门景观和城市文化符号，代表着厦门这座温馨城市艺术与文化的灵魂。

当时的惠和标榜着一句话——“百分之八十以上的厦门城市雕塑，都出自惠和工匠之手。”

那些雕塑作品记录着惠和的成长，记录着惠和工匠的工艺成就，也记录着我抓住契机转型文旅产业和为此洒下辛劳汗水的点点滴滴。

2008 年首届海峡两岸文化产业博览交易会期间举办“惠和杯”雕塑设计大赛

惠和城市雕塑作品《肩负》，陈列于厦门湖滨中路

惠和城市雕塑作品《惠安女子》，陈列于厦门湖滨东路

惠和城市雕塑作品《小白鹭》，陈列于厦门小白鹭艺术中心

惠和城市雕塑作品《音乐女神》,陈列于厦门五缘湾

惠和主题艺术景观《书法广场》,陈列于厦门环岛路

惠和主题艺术景观《海上升明月》,陈列于厦门环岛路

惠和主题艺术景观《清风鹭岛》和《思廉明志》，陈列于厦门思明区铁路文化公园

六 开旅游购物店

如果说参加雕塑展是惠和从石雕加工厂转型文化工程行业的契机，那么开设旅游购物店就是惠和进入文化旅游业的肇始。

在参与雕塑展之前，惠和已经在江头开了间旅游购物店。可以说，这间店是今天厦门惠和石文化园的摇篮。

进入旅游购物行业是惠和发展的重大转折。虽然我平时接触的主要还是传统石雕，但毕竟年轻一点，就会考虑跟整个业界来融合，逐渐开始了创新的道路。

大概在 1991 年、1992 年，我开始跟旅游团合作。那时国内旅游刚起步，许多华侨华人每年回家探亲，导游和司机就会把他们带到惠和来。

为什么他们会来惠和？为什么惠和要做旅游？

惠和旅游购物店(1990 年代)

带着孩子在惠和旅游购物店(1990 年代)

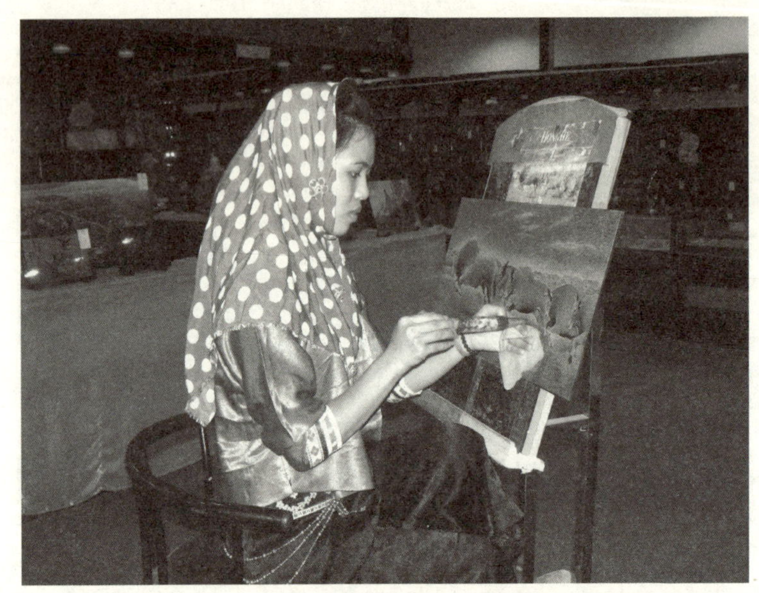

惠安女学徒在惠和旅游购物店制作影雕(1990年代)

一来是因为华侨华人对石雕很有情感，每年回来就要看看石雕。早期，华侨来定做石雕，都要求按照陈嘉庚先生鳌园的规格来复制，当时惠和至少为他们复制了三十几套。华侨还邀请我们去参观他们购置或收藏的石雕作品，由于他们的青睐，惠和还为新加坡虎豹别墅[①]定制了一批石雕工艺品。二来是因为惠和在厦门。那时候去一趟惠安看石雕要五六个小时，但来惠和就方便多了。当时厦门出岛只有一条路，就是海堤，惠和石雕厂就在这条路上，游客进出厦门就不断往返在这条必经道路上。

由于华侨对石雕的特殊情感，他们熟悉这种建材构件，从中有

① 新加坡虎豹别墅(Tiger Balm Garden)，又称万金油花园，由著名药店商人胡文虎出资建造，始建于1937年，此后不断扩建，1985年新加坡政府接管，并向公众开放。园中最引人注目的是大量的人物群雕塑和景物雕塑，在弘扬中华文化方面发挥了重大作用。

一种寻根的感觉，再加上厦门是一个窗口城市，就这样，我们慢慢做成功了旅游购物店。

1999年，厦门被评为中国优秀旅游城市。旅游包括食、住、行、游、购、娱，为满足旅游购物的条件，厦门就挂牌了一批定点旅游商店。惠和有幸成为第一批旅游定点购物商店。我们接待的第一拨客人是华侨，后来是台湾同胞。

从大石狮卖到小石狮，我陆续设计了很多石雕工艺品，包括小石狮、摆件等。我把一对两米多高的大狮子，做成几厘米高的小狮子，很精巧，让游客们可以很方便地带回去。我接着设计了石头做的生肖啊、茶盘啊，以及比较传统的影雕，比如《奔马》《日出东方》《一展宏图》等传统题材的作品。我因此还当上了福建省旅游购物协会的副会长。

那时候江头的路崎岖不平，很不好走，但那些大巴车司机都会把客人带过来。我们的购物店就开在原来工厂的位置，没有重新找店面，毕竟购物没那么发达，也想说既然客人来了，可能也想看看石雕是怎么雕刻成的吧，所以就在工厂所在地开店了。

如今想，当时惠和在禾山开的店，类似后来很流行的“前店后厂”模式。导游第一眼，首先看到一层平平的厂房，接着客人下车，导购人员过来引导，进门以后才是购物店。导购人员身着惠安女服饰，接到客人后讲解石雕的前世今生以及寓意，比如说，讲石狮子“摸摸狮子头，吃喝不用愁；摸摸狮子尾，荣华又富贵”，这样的开讲生动有趣，客人们都很喜欢。

惠和石雕工艺品店在旅游市场很受欢迎，有时候大巴车要在外面等上半个小时，才能进来。生意就这样慢慢做起来了，厦门旅游圈都知道有个惠安女老板叫“阿华”。

现在的惠和，大大提升了。2006年，我开始规划做一个石文化旅游景点，就是现在的惠和石文化园。有时候想想，如果当年把建文化园的钱，拿去投资房地产，我现在至少也是几百亿身价了，哈哈哈，但是没办法啊，谁叫我就喜欢石雕这门手艺。

在惠和旅游购物店给游客讲解(1990 年代)

在惠和旅游购物店接待台湾游客(1990 年代)

在惠和旅游购物店与台湾歌手白冰冰合影(1990 年代)

七 “砸锅卖铁”建文化园

雕塑展的成功举办,提升了惠和品牌形象,同时使惠和跟政府结下很好的关系。

这次雕塑展应该花了政府两三千万,也让政府觉察到城市公共艺术雕塑的重要性。有关部门意识到,惠和是一个雕塑加工厂,雕塑作品放在工厂,那它只能是商品,但如果找一块绿地放置(比如说放在公园里面),让市民在休闲的同时感受到一种文化,那不是一举两得吗?

嗯,这个想法很好。政府当时有个绿地认养的政策,市政园林局的领导就过来找我,推荐忠仑公园这个地方,问我们能否认养这个公园,同时结合一些石雕艺术的空间展现。

我特地跑来看这个忠仑公园。到现场的时候,我整个人都晕了。你想想看,2004 年、2005 年那两年,这片整个还是一个垃圾场。边上的吕岭路破破烂烂,简直就像偏僻的郊区,和乡下没两样。于是,我扭头就走。

随后,园林局的一个副局长又来找我,让我再去看一下,带我到现场,说那个垃圾堆可以处理掉。噢,现场苍蝇满天飞。后来,我自己又去看了一次,我的车窗竟然被砸坏了,包也被偷走了。哇,我觉得很沮丧,认为这环境实在太差了。

有关部门并未放弃对我的游说,于是我提出了一个条件:必须公开招投标。政府最终满足了我这个要求。所以说,我不仅跟园林局签了合同,而且通过财政局下面的产权交易中心,摘了牌,成功拿到这块地。

厦门惠和石文化园建设现场(一)

厦门惠和石文化园建设现场(二)

哎呀,说实话,当时恰逢家庭变故,孩子父亲跟我闹离婚,正处阵痛期,我又硬着头皮拿下这块地的经营权,坏事好事都碰到一起,感觉前后都有追兵,骑虎难下。我呢,自我安慰,说这正好是“化悲痛为力量”。

2005年,这个项目启动。2006年,通过招拍挂,获得这块地的经营权。拿到地后开始做设计图纸,到2007年想动工,但却又遭到周边村民阻扰。公园旁边是忠仑村,村子里有人过来说,建设要让他建,土头沙子要他来运。让这些人做没关系,但他们价格远比市场价高一倍多。你想想看,当时要建这个文化园,起码要大几百万,可我当时的自有资金还不到三百万。

冥冥之中,似乎一切都是命运的安排。刚好碰到孩子父亲要结束这段婚姻,所以我们就把惠和工厂原本所在的那块地卖了,那块地好不容易从集体用地转变成工业用地,也就是说可以交易的这种,当时报批了一个八层高的办公楼,但没办法,只能把这块地卖了，刚好也解决了我建文化园的资金。

所以，我老是用“砸锅卖铁”来说建这个文化园的过程。

稍微讲一下这个文化园建得有多艰辛。这件事我很少讲，也算是我一个难忘的经历，有必要让大家了解一下这个过程的艰难。我用合法手续拿了这块地，但遇到了忠仑村一些村民的阻拦。

村民中有一个人是地头蛇。我从2006年下半年折腾到2007年上半年，每次我要进场施工，他就组织一批老人家围堵在门口，让我进不了场。2008年，马上就是文博会了，我这个园区当时是要作为政府文博会的一个分会场的，所以公安也一直要来协调，但我不希望发生不必要的纠纷。我自己也找人去沟通，但他们每次都耍无赖。最后，我求爷爷告奶奶，对方还是僵持着不让进场施工。

最后，我儿子在学校发生的一件事触动了我，启发了我。

记得当时他才刚读初一，校医给我打电话，说：“你是戴毅安妈妈吗？”我说是，对方说，“那你赶紧到学校来一下”。原来，学校几个坏学生要向我儿子“清钱”，就是敲诈钱，如果没有给对方钱，下午要找我孩子算账，要揍他。

哇，几件事情搅在一起，一听到有人要给我儿子“清钱”，我火气一下子就上来了。那时虽然离婚还没解决，但我孩子的父亲已经离开这个家，我也没有了依靠，不可能有人过来保护我们。我立马赶到学校，找到年段长，我说我儿子遇到这种事情，是怎么回事？

“清钱”的这个孩子在学校已经很“出名”了。段长赶紧把那个孩子叫过来。真的不知道哪来的劲，我一看到那个孩子，就直接冲过去要揍他，大声说：“还那么小就敢在这里耍流氓！”

可能我真的显得很凶悍，那个孩子看到我那么生气，脸都吓白了。其实他也只是孩子。解决了我儿子的事情，回来的路上，我就心里在想，“软土深锄”（闽南话），就是你越软弱，人家越要“吃定”你。

那个段长说，每次家长找到学校，都跟这个孩子好声好气，说“你还小，你不要这样”，特别是那些奶奶，一副哀求的样子。所以，这个孩子胆子越来越大，开始拉帮结派，身边还跟着很多手下，可能第一次碰上有人像我这样直接凶他。我那时候真的很多情绪搅在一起，像个“拼命三郎”，着实把老师和孩子都吓到了。

回来路上，我联想起这些村民的事情。那个带头的家伙，肯定也打听过我，看我是一个女人，又没老公，觉得好欺负。我在想，肯定是我看上去太软弱了，合法合规的土地，为什么盖不下去？

突然间，我猛地想通了，于是马上给那个人打电话，叫他下午两点半来工地。

当时在工地盖了一个临时的办公室，我说，“你过来这里，我们聊聊”。早上处理完儿子的事，我也有点豁出去了。我顺路去买了一把刀，是在松柏育新文具店买的。那把刀是文具一类的工具，细看是文具，但粗看起来，很像真的匕首。

下午，那个人来办公室，我不跟他废话，直接把刀扔在桌子上，跟他说：“我们一人一刀过，我先插给你看，如果我没有死，下午三点半，我的吊车和挖土机就过来。”

喔，我那时候真的显得很彪悍，有点视死如归。他看到我来真的，掉头就走，边走边骂“三八三八，肖查某肖查某①”。随后，我赶紧通知挖土机开进来。事情过后，想想也有些后怕。

这段经历我极少再提及，只跟我的闺蜜何崇梅说过。毕竟这个带头的人还在，我们都不想提及这件事了。就这样，我一下子解

---

① 肖查某：闽南语，意思是疯女人。

决了文化园开工最大的障碍。

从此,惠和跟忠仑村相安无事。

十几年过去,村民们也拆迁走了。

这一段往事,真的太难太难了,正如那句话:“钢铁是怎样炼成的”。哈哈,哈哈。

厦门惠和石文化园鸟瞰图

厦门惠和石文化园一期工程全景图(2009 年)

惠和石文化园二期工程“闽南红砖古厝”(2021 年)

2009 年正式开园以来,惠和石文化园也获得了很多称号和荣誉,像国家 AAA 级旅游景区、福建省文化产业示范基地和非物质文化遗产生产性保护基地;福建省科普教育基地、校外美育实践基地、家风家教示范基地、对台交流基地;闽南文化生态保护实验区先进集体;厦门市艺术产业示范基地、中小学研学实践基地、劳动教育基地,等等。

厦门惠和石文化园是历届文博会的分会场

惠安女讲解员在石文化历史长廊讲解

厦门惠和石文化园影雕体验区

印尼游客参观厦门惠和石文化园

海峡论坛期间台企联青年团体验影雕技艺

第四章

抱着石头，坚守一辈子

“其实，不论是我父亲李走生，还是我自己，骨子里都有石头一样硬的东西。我们都是抱着石头，坚守一辈子的人。”

——李雅华

当时我建这个博物馆，其实想法很简单，就是把我父亲收藏的这些石雕以及他的一些作品找个地方放。所以，刚开始的时候，这个所谓的博物馆就像个仓库，各式各样的石雕随意地堆放在地面上。

慢慢地，来了很多外地游客，他们对于在南方还能看到这样的精品感到很是惊讶，同时也惊奇地发现惠安石雕的精湛之处。出于责任感和自豪感，我们觉得应该好好梳理下博物馆。所以，我们增加了石文化历史长廊，从历史的角度看中国石雕技艺的演变，一直讲到闽南石文化和“一带一路”；同时我们也提升了博物馆的展陈，从石雕的角度看中国历史文化的厚重，虽然我们收藏的石雕有断代，但也有一定的代表性，以佛造像和瑞兽为主。此外，我们还拓展了石文化的内容，把藏石、赏石文化，即雅石、宝石也涵盖进来。现在，很多市民朋友都很喜欢我们的博物馆。

这个博物馆的藏品可以说历经两代人的收藏，每当我沮丧的时候，就会来博物馆走走，将自己置身于历史的洪流之中，然后看看父亲一刀一刀刻下的石雕，我顿时又会充满力量。

一 "趴趴走"收来的石雕

记得有句话，叫热爱是最好的老师。我啊，我父亲啊，我们"趴趴走"[①]，回想起来，都是因为热爱。

现在博物馆里的那些石雕，大部分是父亲从各地收回来的。

我跟父亲一起在石雕厂工作时，这些石雕就已经存在了，我也没有太好奇这些石雕是哪里来。我父亲很少讲，我也很少问。父亲年轻的时候喜欢到处走，估计这些石雕跟他喜欢"趴趴走"有关系。

馆中现在有一尊"二佛并坐像"，父亲有一次开心的时候说过，其余的都没有提过。不记得具体哪一年了，他去陕西西安，看到农民用拖拉机拉着一车东西，车上用茅草盖着，露出了一点里面的东西。车子经过父亲时，他看到有石雕在里面，就追了上去跟农民搭话。原来，这是农民在田地里挖到的，正想要拿回家。我父亲就跟他说，他是做石雕的，平时都有收藏一些石雕，要不要卖一尊给他。谈着谈着，父亲说，他当时用二十八块钱从农民手中收回了这尊"二佛并坐像"。

就这样，父亲不知不觉间收了很多石雕。

建文化园的时候，我就把地下一层空出来，然后把父亲收藏的东西摆一摆，说实在的，也没觉得是一个博物馆。所以，这些石雕就从惠安老家移到厦门，从莲坂移到乌石浦，又从乌石浦移到了现在的石文化园。

随着时光的流失，我也慢慢理解了父亲的心愿。从喜欢"趴趴

---

① 趴趴走：闽南话，意思是喜欢外出、到处去玩。

走”，到慢慢地想，精美的石文化是应该展示给更多的人来欣赏的。

后来，因为政府的重视和对文旅的提倡，我们的心也就慢慢沉淀了下来。厦门金砖会晤之前，我又投入了资金，请专业人员对博物馆做了提升。现在来看，我们惠和也成了一个比较像样的博物馆了，起码在闽南地区还是比较有特色的，而且对惠安石雕文化的展示，应该是一个重要补充。

惠和石雕艺术博物馆入口

惠和影雕艺术展览馆

二 父亲的作品

在惠和石文化园内的名人石雕艺术长廊，展示着一位特别的人物，那就是我的父亲：李走生。他是那个时代惠安石匠的一个代表。父亲在惠安当地小有名气，因为擅长镂空雕和为人物开眼，有的人叫他"石头李"。年轻的父亲在惠安和厦门来来回回，曾经也在漳州做过一段时间的石雕工程，后来在厦门开石雕厂，就长期居住在厦门了。

我相信，我们看着长廊里的石雕作品，对惠安石雕会有更深一步的了解和感悟。大家应该知道惠安石雕，主要是以硬质的青石料为主要原料的传统雕刻艺术。在我国有"南惠安，北曲阳"之说。它具有强烈的民族性和鲜明的时代个性。惠安石雕也是我们南派石雕艺术的代表。其实很早就传播到海外东南亚等地，备受推崇。

现在，就沿着整个石雕艺术长廊，让我带着你们一起回顾我父亲亲手创作的石雕代表作品。在这个石雕艺术长廊里，我每一次向大家介绍他的作品，都是我对他的一次怀念与缅怀。

首先，我们看到的就是他参与雕刻的北京人民英雄纪念碑"胜利渡长江，解放全中国"的浮雕系列。

哈哈，关于父亲曾经参与过雕刻人民英雄纪念碑的这一段历史，我小时候就多次听父亲说过哈。现在想，当时，他会不会也有一点像给别人吹牛的感觉呢？

就是我小时候，他在跟他的那些老朋友喝酒讲话的时候，哎哟，说什么自己当时跟着什么人坐火车然后到天安门去啦！哈哈，那时候谁到过北京？这样一讲，就好像很厉害的样子啦！我从小就听他这样子说，他几岁几岁跟着师傅上了北京，然后在那边啊，冬天很冷、很冻，铁锤都拿不稳，等等。

我呢，就从他和朋友多次的讲话聊天里，感受到父亲是曾经为人民英雄纪念碑添砖加瓦的人，他跟着他师傅进京的，然后和南南北北许多石雕工匠和艺术家们一起，去完成了这个作品。

接下来这两幅作品呢，就是我父亲在厦门集美鳌园的经典代表作了。另外这两幅，则是他在台湾的一些庙宇的作品，前面我们一直欣赏到的作品，是以图片的形式展示的，接下来，我想让大家了解一下文化园里他的实物作品。

《三国演义》是我国四大名著之一。中国人应该都听过或看过《三国演义》吧。现在，我们看到的这一幅实物作品《刀马人物》就是取材于《三国演义》中的“马超大战葭萌关”和“赵子龙力斩五将”的故事。

李走生石雕代表作《刀马人物》

李走生石雕代表作《竹林七贤》

这幅作品，整体布局协调，刻画出古代武将交战时的激烈场面，人物生动、逼真，整件作品采用高浮雕手法，对人物进行细腻刻画，充分显示出父亲李走生作为石雕大师精湛的雕工技艺。

如果大家仔细去看看，就会发现里面的人物，脸上是没有五官的——因为这是我父亲的遗作，他还没有为这两幅作品上的人物刻上五官，就去世了，这是非常可惜的事，想起来也是一个遗憾。

我们再来看看这幅《伏虎》，是描写赵乾罗汉伏虎的故事，表现赵乾罗汉用镇虎环把凶猛的老虎镇服。它和对面的祥龙是一整套的，是1974年父亲应台湾星云法师之邀，雕刻并安置在台湾佛光寺中的，左青龙、右白虎。

现在，我想特别介绍这个作品——《祥龙》，这是我父亲留下来的镇园之宝。

它是父亲在一块青斗石上，用一根钢錾和铁锤纯手工雕刻的，一气呵成。稍有不慎，满盘皆输。而且，父亲雕刻时没有借助任何机器加工，也没有泥稿画稿，全凭自己的想象力和平时经验积累，工艺十分繁复，又十分细腻，表现出祥龙翻江倒海、腾云驾雾的威猛形象，龙首两侧的双爪各执令旗和帅印，犹如正在指挥风调雨顺

李走生石雕代表作《伏虎》

四大天王，施法解救民间疾苦，确保天下太平。

我父亲的艺术作品之所以得到广泛的喜爱，首先是技艺精湛，其次是神韵高远。他经验丰富、思路敏捷，所雕刻的东西的形象，全部在脑子里浮现，然后不用草图，直接斧锤刀雕，非常人所能及。他的作品总能以娴熟的技法和富有个性的雕塑语言来镂刻，形神兼备、妙趣横生，气魄宏大如行云流水，给人一种美的艺术感受。

我的父亲已经走了。虽然在我年轻的时候，经常和父亲因为理念不同，有各种的冲突和矛盾，但是现在，他的作品留在这里，也许，也是我去对抗遗忘的最佳途径。

李走生石雕代表作《祥龙》

李走生石雕代表作《祥龙》细部

父亲的技艺高超绝伦，在这里，他的每一件作品，都是我们后人学习和试图超越的榜样。哈哈，如果有一天，那些美好的技艺，没有被后人看见、欣赏，并传承下去，那么，那可真就是一件令人心碎的事了。

三　石雕艺术博物馆里的宝贝

有一首歌里唱道：精美的石头会说话。

是的，我一直感觉，我们惠安的石雕工匠，经过长期训练，把一块一块石头变成巧夺天工的宝贝，让它们传递出美的语言和情感，如果细想，也是一个神奇的事情。

惠安石雕的种类繁多，包含了圆雕、浮雕、影雕、镂空雕等等。在传统生产工艺的基础上，近年来也和时代的步伐同步，成功地吸收了国外先进的设备与工艺，形成完整的产业体系。用中国雕塑界的泰斗钱绍武先生的话来说，就是“惠安石雕传统工艺，已经达到炉火纯青的境界”。

我们的石雕艺术博物馆里，除了父亲的作品，还有第二大看点——珍藏馆。

在珍藏馆里，我们主要展示有60多尊北齐至明清时期的佛造像。这些佛和菩萨的造像，都是我、我父亲大家一起“趴趴走”收来的。这里面有故事，也有对过往的记忆。

我希望大家都能看看这尊唐代的文殊菩萨坐像，它是智慧的化身，右手持利剑，左手持经卷。

旁边的这四尊，也是唐代的菩萨坐像，大家应该知道唐代是以肥胖为美的，通过过去的实物雕像，我们可以看到，它们都是比较饱满的，充满大气的风韵。

这一尊观音是唐朝的。我们叫它自在观音，它呈现的是一幅自由自在、悠然自得的神情。我们平时看到的观音的姿势，一般是比较端庄的，很少看到这种很悠然自在的姿势。而且，更难得的是，早在唐代，雕刻家就能把人体的艺术美融入佛像雕刻中。

《思惟观音菩萨》(唐)，陈列于厦门惠和石雕艺术博物馆

我们这里还有8尊汉代伎乐俑。可以看到她们手上拿的都是各种各样的乐器，相当于现在的一个小型乐队。还有那上面的8尊飞天菩萨，能歌善舞的她们在佛教中被称为香音女神。她们不像古希腊插翅的天使，也不像印度腾云驾雾的天女，我国的艺术家，只要用一根绵长的飘带就能使女性优美的身躯漫天飞舞。

《伎乐俑》(汉)，陈列于厦门惠和石雕艺术博物馆

再看这边的一个唐代菩萨残像，它穿越一千多年的时间，现在展现在大家面前，堪称“东方断臂维纳斯”。大家可以仔细看这尊菩萨像，他身上的服饰都是比较华丽的，可以看出唐代的繁华。

《菩萨残像》(唐)，陈列于厦门惠和石雕艺术博物馆

我想，我们应该知道我国的四大菩萨吧、文殊、地藏、普贤、观音四大菩萨，现在我们看到的这尊是文殊菩萨，它手拿经卷，坐骑是狮子；中间的是普贤菩萨，手持如意，坐骑是白象；旁边的是观音菩萨，手持净瓶，大慈大悲，大家仔细看看她的坐骑，可以猜一下是什么？她是以它的声音命名的，单名一个“吼”字。还有一尊地藏菩萨不在我们馆内，因为地藏菩萨喜欢云游四海，所以要凑齐这四位也是相当不容易的，哈哈。

前面是古代佛造像，那下面这个区是近代惠安石雕作品。前面摆放的菩萨，就是近代的作品，旁边的是青斗石雕刻的十八罗汉，中间是汉白玉雕刻的月亮女神，它采用了一种现代的抛光手法，显得特别细腻光滑。

许多人在这里看到那么多精美的艺术品，常常问我："李总，你这里的镇馆之宝是什么？"

我有时候想，这里的每一件作品，对我来说都充满了回忆，都跟我的孩子一样，都是宝贝。

当然，要让我特别介绍，那么，我想除了父亲的石雕，也请大家看看，我们这个石雕艺术博物馆镇馆之宝——汉白玉《二佛并坐像》。

《二佛并坐像》(北齐)，陈列于厦门惠和石雕艺术博物馆

它原本是要收藏到陕西省博物馆的，后来，因缘巧合，被我父亲发现并收藏了。这尊像是北魏年间的作品，它的贵重之处和特别之处是：分为正反两面雕，而且这种二佛并坐的形式很少见，我们一般看到的是"一佛"或"三宝"。那汉白玉是大理石的一种，硬度很低，只有2.8度，硬度越低，越容易破损，但它在不足0.35平方米上镂空了90个大小不一的孔洞，一共有42尊佛，实在令人难以想象。

这种高超的技艺，不知是付出多少辛劳的汗水才成功的。太不容易，太了不起啦！

为了丰富我们的馆藏，结合当年龚洁老师最早提出的文旅建议，我们还开辟了奇石雅石观赏区，带领大家去体验大自然的鬼斧神工。说起来，这些天然的石头，真是花费了巨大的精力和财力才收齐的。我们这里有一桌满汉全席，它是我们收藏家花了10年的时间才收藏齐全的，有酒有肉，有馒头有米饭，石头本身和物体有三分形似，加上我们的七分想象，看着看着就越看越像。还有这块肉石，是产于广西柳州的，它的石种是彩霞石，在几座山里找到这几块颜色、质地、形状逼真的还是很不容易的。

《满汉全席》，陈列于厦门惠和石文化园奇石雅石展

而这块肉石从品相来看，是绝不亚于台北故宫博物院那块被誉为镇馆之宝的肉石，它的精美，更胜于大陆其他地方所收藏的肉石。

中国人对石头的钟爱，在世界上可能是独一无二的。在我这个馆里，我还希望大家能了解一下我国的赏石文化和藏石文化。

《肉石》，陈列于厦门惠和石文化园奇石雅石展

我们这个馆里，有着我国的四大雅石，它们分别是江苏太湖石、安徽灵璧石、江苏昆石、广东英石。

中国古代的文人墨客对石头有着独特的偏好，如北宋的书法家米芾就对石头达到了痴迷的程度，米芾拜石的故事流传千古，他更是总结出赏石的“瘦、皱、漏、透”四大特点。

有人欣赏石头，就会有人收藏石头，接下来我们看这四大名石：福建的寿山石、内蒙古的巴林石、浙江的青田石和昌化鸡血石。其中又以福建的寿山石最为著名，寿山石产于福州市晋安区寿山乡的寿山村，寿山石以红、白、黄三种颜色为主，其中尤以田黄石最为珍贵。

田黄曾作为清代的皇家贡品，到了现在更加珍贵，随着收藏家的不断追捧，更有“一两田黄，百两金”之说。它的收藏价值就在于没有一件作品是相同的，因为它的作品都是因形因色而雕刻的，通常雕刻寿山石比雕刻其他石材更为费时，而且寿山石现在已经不准开采了，所以它的作品是卖一件少一件的，非常具有收藏价值。

中国的石文化非常浩瀚。上面我们讲了天然的石头，讲了人工雕琢的石雕，这些都属于石文化。看了博物馆的佛造像，我们可以了解到历史，了解到那个朝代的社会发展、审美等。那现在我们可以回过头从历史的角度来了解一下石雕的发展。也就是从石雕看历史，从历史看石雕。说到这里，我想带你看一下园区的“石文化历史长廊”：它是从历史的角度来看石文化的形成与发展。接下来，让我带着大家走进历史，领略中国精彩的石文化和经典作品。

首先，我们来了解一下史前至夏商文化时期的石文化。我们看到的这是红山文化时期的作品——玉龙。它是中国最早龙的形象，号称“中华第一龙”。这条玉龙造型古朴，极富动感，标志着中国五六千年前就已达到了较高的玉雕工艺水平。红山玉龙的发现，不仅让中国人找到了龙的源头，也充分印证了中国玉石文化的源远流长。

到了春秋至两汉时期，玉器不仅作为一种雕刻制品，更上升为君子的行为标准。例如：“孔子释玉”，孔子就用玉的五德：仁、义、智、勇、杰，来作为君子的行为标准。他认为只有具备玉的五德的人才，才有资格佩戴玉饰。

再如“老子喻石”，老子认为人要活得精彩，做个有用的人，就应该不断雕琢自己，就像在平凡的石头上不断打磨和雕刻一样。直到今日，人们仍用石头来象征各种精神品质，例如：海枯石烂、安如磐石等。

后面的是河南画像石“生活起居图”：它分为 4 层，第一层出行；第二层杀生祭祀；第三层击鼓乐舞；第四层东王公及羽人。愿意去仔细看一下的人就会发现，这些人物上面是有翅膀的，它是古人追求长生不老、死即再生的生活写照。

画像石是中国古代文化遗产中的瑰宝，是汉代的民间艺人留下的石刻艺术品，其题材丰富多彩，以今天来看，这就是一幅幅生动的“石头上的历史”。

如果走进魏晋至唐宋时期的石文化，我们就会看到众所周知的四大石窟，敦煌石窟、麦积山石窟、云冈石窟、龙门石窟，它们融合了我国数千年石文化的精髓，四大石窟的雕刻手法及技艺各有不同，主要与各个朝代的政治、经济、人文背景息息相关。大家应该知道我们中国的第一位女皇帝是谁吧？我们看到的这个龙门石窟卢舍那佛，就是我们的女皇帝武则天要求工匠按照自己的形象雕刻出来的，可见当时武则天是非常美丽的。让我们再来看看这一幅重庆大足石刻养鸡女石刻，它呈现出的是一幅田园风光的场景，尤其是养鸡女的神情雕刻得很美，被誉为东方的“蒙娜丽莎的微笑”。无论站在任何角度欣赏她，她似乎都保持着神秘的微笑。

到了魏晋至唐宋时期，玉石的应用更加普及。特别是佛教传入中国以后，中国石雕艺术带着印度的印记达到高峰。

许多帝王诸侯就开始用瑞兽来装饰自己的陵墓，显示自己的威严，这些至今还屹立在陕甘和中原大地上。像我们看到的这尊麒麟，它有四不像之称，它是由龙头、鱼身、马腿、狮子尾组成。麒麟，象征着四季招财、四季平安的意思。

还有这幅《昭陵六骏图》，它是雕刻在唐太宗昭陵中的，是为了纪念唐太宗戎马生涯中的六匹战马而刻制的。

最后，归根到我们闽南石文化的发展。我想说，石雕工艺起源于北方，但它真正得到发扬是在我们闽南。

我们可以看一下唐宋时期的闽南石文化。这时期主要以闽南的泉州为代表。有句话，是这样说泉州人的：泉州人站着像开元寺双塔,躺着像洛阳桥。开元寺双塔又分为东西两塔,东塔为镇国塔,高48米;西塔为仁寿塔,高44米。这两座塔曾在公元1604年遭遇过8级大地震依然屹立不倒,可见非常坚固。洛阳桥是全国第一座跨海梁式大桥,它的桥基做成船的形状,目的是减少洪水对桥的冲击,古人更是用在桥基种植牡蛎的方法来加固桥基,以达到防洪抗洪的效果,可见当时的人是多么的聪明。

明清时期可以说是我们闽南石文化发展成熟的时期,福建石雕糅合海上丝绸之路传入的技艺,它在中原北派雕工上形成了自己独特的细腻纤巧的南派风格,主要运用于闽南特色民居,主要体现在龙柱、花窗和石狮上。

我的这门老手艺,其实跟中国文化是一脉相承的,是中国优秀传统文化的杰出代表之一。上面我对博物馆藏品的介绍,也是我慢慢梳理起来的,从历史看石雕,从石雕看历史。每次有贵宾来园,我都亲自讲解,虽然讲了无数次,但每次我都很感动。平时有空,我也会经常来博物馆走走,石刻对于父亲来讲是一门谋生的手段,但如今我把它放在中国历史的洪流之中,放在浩瀚的中国文化之中,从中国历史文化来看我现在正在做的事情,顿时有了很强的使命感。这也让我慢慢明白了当前我国传承中华优秀传统文化的伟大意义,而我何其有幸能够参与其中!

四 藏在嫁妆柜里的石雕

这个世界有太阳就有月亮,有大地就有海洋,有男人就有女人。

大自然很神奇,因此,也使得我这个石雕博物馆,有了另一类藏品,那就是性文化石雕。

所谓石文化,它有先天的,也有后天的。

厦门惠和石文化园的“中华石文化历史长廊”

我们惠和的藏品中间，有这样一块九龙壁石，天然形成了女性的胴体像。有兴趣来这里的朋友，大家可以来触摸感受一下这块石头的质地，非常细腻光滑。它是福建漳州九龙江一带的河床石，是经过河水的不断冲刷才达到了这样的效果，它代表的是我们女性的阴柔之美。在这块九龙壁石旁边，墙上那幅图，则是广东的丹霞山，天然形成了男人的阳刚之力。

当然，我这里面，性文化石雕主要要展示的，是我们惠和私藏的有关生命艺术或者叫性文化的石雕作品。这就是当年初建文化园，我从收藏家阿牛那里收来的高浮雕作品。这组作品雕工精湛，有西方素描一样的功底。

它摆放在 10 个闽南嫁妆柜里，共 10 件，每件长 65 厘米，宽 45 厘米，是广东工匠用青草石以高浮雕工艺雕成的。大约雕成于民国初年，已经有百年的历史了，颇具艺术价值，是收藏家珍藏的文物珍品。

它告诉我们人类是如何来到这世界上的,在以前科技没有那么发达的时候,只有采用这种方式来让大家了解生命起源的过程。这一套雕塑原本是雕刻在墙上的,后来是为了体现金屋藏娇的场景,我特意摆放在这10个闽南嫁妆柜里。

这套雕塑非常精美,这10件石雕所展示的交欢姿势,大都是依据古籍里面的式样创作而成的,十分逼真。人物的线条、肌肉、骨骼层次分明,艺法形态、服饰和男女交欢的激情以及愉悦的心理表达,也很细腻,颇具中华文化的韵味。

这套石雕是怎么来的呢?我跟父亲一样,也喜欢"趴趴走",并注意各类有关石雕的消息。

2004年的那一天,我记得很清楚,那天还在下着雨,灰蒙蒙的晚上,我在看《厦门晚报》,看到一条消息,说是在南靖土楼,有个叫阿牛的人,收藏了一套特别的石雕。现在回想起来,阿牛也是个聪明人呢!他不知从哪里搞到一套性文化石雕,他用这一套石雕办展览,还收费。我立刻就警觉起来,恨不得立马就过去看一下。马上,我跟厦门大学历史系的庄景辉教授约了时间,然后就开车从厦门赶到了土楼。

阿牛当时还很会搞气氛。在那个房子里头,四下都是"暗摸摸"的,这套石雕就放在地板上,周围黑乎乎的,只有微弱的光打到这个石雕上。哈哈,他还很会搞一点神秘感。

我当时很激动,因为我知道这是岭南派的雕刻,一看就知道是这个风格。我当时也很冲动,就想跟他买。

但他呢,是个乡下收藏家。看到一个大款来了,就漫天开价,要三四百万。这是好大一笔费用!我哪里有那么多钱呀!没办法,我就只有放弃了,但心里一直放不下。有了岭南派,我们这里就有完整的石雕展现了!

2006年,我开始投建文化园时,就又想起这套石雕。于是,我想方设法跟阿牛再次联系，也慢慢跟他熟悉起来，动之以情，晓之以理。每次邀请他来厦门，都要陪他喝酒，这样多次往来以后，他对我正在做的事情也有了比较深的了解和认同。

后来，一直到了2007年，文化园初见规模了，他终于同意卖给我。我记得我用二十几万买的，价格也合理，我就把这一套石雕收回来了，放在馆里作为岭南派的一个见证。

现在，听说阿牛已经去世了。有时候，看到这套石雕，过去的事情就会浮现在眼前。

厦门惠和石文化园的“性文化石雕展区”

五 “惠女风情”

直到现在，我都认为，我们惠安女是很伟大的。

我前面说了，为了把惠安女的风俗，以及她们坚强勤劳和质朴的一面，用演艺的方式声情并茂地展现出来，我筹建石文化园的同时，特地创作了一台“惠女风情”主题表演。

这台演出很受游客欢迎，演出旁白是我亲自把关的，每次读起来，就像是一首为我们惠安女写的赞歌。

我们是 2008 年开始开放的。2009 年，有一个从北京来的旅行团来看表演。其中有一位老师，当时年龄大概三十几岁，他参观完了以后就跟我底下的工作人员讲，说他想见见老板。好！那就见了一面。

一聊天，想不到啊！他真的就脱团留下来了！他说，能不能带他到崇武去住一个礼拜，采风一下，然后由他来写一个台词。所以后来，在我的把关下，这一段开场白就出来了。哈哈，我记得那位老师姓黄，黄老师，北京的一个游客，自告奋勇为我们写的这一段。

这段旁白真的太美了！

我真是很满意。哈哈，我要用我的地瓜腔朗诵一下这个旁白：

亲爱的朋友们，欢迎大家来到惠和石文化园参加今天的赏灵石、品惠女表演盛典。

惠安女是一份需要我们用心灵去感受的艺术，

惠安女是一群用生命、用青春去谱写赞歌的传奇女子。

她们把金色的太阳做成能遮风挡雨的斗笠；

摘蓝天彩云做包裹智慧的头巾；

剪大海一片湛蓝做美丽的衣裳；

把银色的月亮缎成波浪起伏的银腰链；

用钢錾让精美的石头唱出铿锵的歌。

她们是福建省惠东半岛海边的一个特殊族群，

她们以奇特的服饰、奇异的婚俗闻名海内外。

她们的形象以各种方式，由中国走向世界。

她们便是惠安女，具有内在与外在美的高度统一。

下面，我们将要欣赏到的就是这样一个展示惠女习俗的舞蹈，请欣赏舞蹈《石头女人》。

第一场：在大海拥抱的海岬，男人们都出外谋生去了，留守的惠女就用勤劳、刚毅承受了生活与劳作的重担。这段舞蹈是描述惠女扛石头的肢体语言，描述了惠女无与伦比的阳刚之气。

第二场：婚嫁那天，新娘身着嫁衣，打着黑伞，由娘家的亲朋好友陪送过去，此后便常住娘家。直到有了孩子，方可名正言顺地常住婆家与丈夫共同生活。

第三场：一个新的生命诞生了。虽未打破这个“母系社会”嫁夫同房不同床的“定律”，但是新生命的诞生同样给这群姐妹们带来欢乐！

第四场：尽管沉重的石头迫使她们亦步亦趋缓慢前行，却始终不能阻挡她们前进的步伐。她们勤劳勇敢，坚韧顽强，为了大海、为了石头，她们奉献了毕生的精力。

让我们记住这一群把自己嫁给大海和石头的女人。

感谢舞蹈演员们的精彩演出，相信大家在看过刚才的演出之后，对我们惠安女的婚俗有了一些了解，那么，下面我们将从另一个角度来诠释惠女，劳作之余的她们，常常望着蓝色的大海，期盼远行的丈夫早日归来。她们淳朴秀气，她们神秘迷人，她们用一颗最平凡的心在等候，请欣赏三人舞《盼归》。

众所周知，福建惠安是中国的石雕之都，惠安石雕久负盛名，早在1600多年前的晋朝，就作为永久性的艺术被应用。同样福建也是中国的名茶之乡，产茶和饮茶也有着千年以上的悠久历史，当闽南的茶文化与石文化融为一体的时候，他们便结下了不解之缘。接下来就一边欣赏惠女茶艺表演，一边聆听精美的石头会唱歌。下面，我们将欣赏到的是我们园区的另一大特色看点《石语茶声》。

提起惠安女，人们首先想到的就是她们举重若轻、任劳任怨的精神。惠安女作为一种风情，由来已久。惠女风情这个名字有着她奇特的魅力。它彻底抛弃了以往惠安女辛勤劳作的情景，用一种轻松惬意的方式让我们了解作为女子，惠女同样爱美，同样温柔，可谓风情万种，下面大家就一起来感受我们美丽温柔的《惠女风情》。

苏州刺绣绣丝绸，闽南刺绣绣石头。惠安女绣石头让古老的闽南石文化再次焕发出青春活力和无穷魅力。今天的惠女表演就到此结束了，更多的石文化、更多的惠女风情演出期待您的下次光临！谢谢。

这台演出，可以说是我们文化园的一台精品，也大大地宣扬了惠安石雕文化和惠安女精神。

原先，游客们通过这个回廊，过来就可以看到这边的一个海滩的场景，它是惠安女平时劳作的缩影。

我现在有好几套惠安女服饰，看我这边挂着的一身服饰，就是惠安女的衣服了。大家对于惠安女服饰是不是有很多疑问呢？

哈哈，我这里来讲讲我们惠安女的服饰吧。

我们家乡常常用一句话来形容惠安女的服饰特点，叫作“封建头、民主肚、节约衣、浪费裤”。

我们用头巾把耳朵和脖子包起来，这叫“封建头”，这有两种说法，一种是说因为当时社会比较封建，如果女性的脖子和耳朵被别的男生看到了是要娶回家中的，还有另一个说法就是因为海边的风沙比较大，包起来是为了抵挡风沙。

大家再看，惠安女的衣服特别短，叫“节约衣”，是因为惠安女要经常下海，为了不让衣服被海水打湿所以做得比较短。

因为衣服比较短，我们的肚脐就会露在外面，相比较我们把耳朵和脖子包得严严实实，也就有了“民主肚”的说法，另外肚脐在闽南话中叫“do zai”，也就是招财的意思。

衣服那么短，裤子为什么做得那么宽大呢？也是为了不让海水打湿裤脚，同时又清凉不闷热，方便在海边劳作。那如何区分惠安女已婚和未婚，这就要看我们身上的那一条银腰链了。如果腰链子是布做的，就代表未婚。如果看到一条纯银的，就是已婚了。纯银的腰链是婚前夫家送给女子的聘礼之一，银越多就代表夫家实力越雄厚，这是惠安女身份的象征。

惠女，“天生不爱诉说忧伤”，这身服饰，在蓝天碧海边上，在我们惠安，会永远留下坚毅的影像。

“惠女风情”演艺，常年在厦门惠和石文化园展演

六 从石雕到影雕

要是提起惠和影雕，我们就要从起源开始说起了。它起源于清代惠安石雕巨匠李周发明的“针黑白”工艺。

李周生活于清康熙到乾隆年间，他在线刻基础上创新，将绘画技法运用于青石雕刻，以錾点表现图案，创造了影雕工艺，俗称“针黑白”，这是惠和影雕的雏形。鸦片战争后，这种工艺由惠安李氏石匠传至厦门，并逐步发展成一种具有独特表现形式的工艺门类。

作为平面雕刻艺术，影雕可从汉画像石找到最初的痕迹。闽南地区多风、多雨，加上宗族文化十分发达，影雕被广泛应用于户外景观及寺庙、宗祠等公共建筑。惠和影雕有其地域独特性，而这样的地理环境又赋予其传承保护的优越条件。闽南传统民居正立面的“石堵”(浮雕)多数都是平面线刻作品，这是影雕工艺的最初形式及其在建筑上的运用。

惠安县崇武镇泉春张氏大厝，重修于1940年代，腰堵以“针黑白”(影雕雏形)作为建筑装饰

李周的精湛技艺通过带徒传授广泛流传。清末至民国，惠安蒋氏李氏两大家族名匠辈出，如蒋丙丁（1910—1984）。鸦片战争后，厦门成为对外开放的商埠，惠安石匠纷纷到厦门开办雕刻店，多达200余人，按照《厦门指南1936年》记载，至民国初年雕刻厂有12家。

后来，战争年代，社会动荡使得影雕技艺濒临失传。新中国成立后，惠安石雕厂成立“敬雕组”，蒋友才（1918—1980）等人改良制作工具，发明合金钢錾，制作出了精细度更高的影雕作品。影雕技艺逐步恢复。我的父亲李走生师承蒋丙丁及我祖父李来水，曾任职于原惠安石雕厂，后来到厦门，任厦门鳌园的技术人员。随着我祖父、父亲移居厦门，影雕在厦门得到了很好的传承。

按照惠安习俗，技艺是传男不传女的，但是到了最后，父亲打破“传男不传女”的传统习俗，将技艺传给了我。

这里面有一个说法。

大家都知道，闽南传统建筑少不了石头和石材，惠安很多建筑就都是以石头为主的。然后呢，就是建宗祠，盖寺庙，刻佛像，都会用到石雕石刻。但是福建惠安这个地方是比较偏僻的，也比较封建，对神明非常敬仰，甚至有这种迷信的说法：因为佛寺庙宇要清洁庄严，我们那边又重男轻女，都觉得女性不干净，所以雕刻佛像，建造宗祠寺庙，这种神圣的事情，只有男生可以做。

我记得，小时候父亲在做这个佛像的时候，我们都不能到旁边去，都要远远地望着他们，不能接近。如果到了旁边，他们就会说脏、阴气重，让我们离开。

那为什么到了后面，父亲把这个影雕技艺传给我了呢？哈哈，一来我们家是两个女孩子，我是姐姐，从小跟着他学手艺。二来也因为影雕的创作适合女孩子，不需要使用传统大錾子、大锤子，手拿一把钢錾就可以雕刻作业了，而且影雕很考验耐心和细心，要一直坐在那个地方不停地凿，女孩子是比较坐得住的。

线雕和影雕是平面的，还有凹凸的沉雕与浮雕。当年又没机器切割，要开采石材，就靠一把锤。那个铁锤是很重的！本身石雕的活就是又脏、又累、又重，其实是不适合女性的。

那我们说，为什么到后面，它会传给女性？是因为石雕的各种工艺随着时代改变，慢慢转化成可以由女性来完成的。就拿这个影雕来讲，它是从线雕开始，慢慢加入点雕，或者浅浮雕、高浮雕。以点构成线，以线构成面。从线雕到影雕，它的表现力就更强了，例如对鸟的翅膀的刻画，线雕就比较粗糙，影雕用点去刻画，就很形象生动。从它这个功力的这个细腻度和精致度来讲，它就非常适合女性。第一要坐得住，第二，你看那个点、那个线，绣花一样，都是细活。

于是，改革开放以后，就开始有女性来传承这样的石雕技艺了。这是技术的进步，也是时代的进步。影雕，是在石雕大类里向下细分出来的工艺门类。

现在，为了更好地传播这门技艺，我们已经把影雕制作流程标准化，并做成教材向大家展示。第一个步骤是选材，影雕板材其实是产自于新疆的黑胆石原石。第二步是抛光，黑胆石经过 80 度水磨抛光后，才能作为影雕的制作底板。第三步画稿上石，用特制的笔在石头上勾勒出轮廓。第四步是雕刻，用 2 斤重的合金钢针以针代笔进行雕刻。雕刻的工序又包括初雕、细调、精雕。初雕是雕出作品的大致轮廓，雕出轮廓后要进行细雕，即仔细雕琢才能完成一幅作品，细雕完成后进行精雕，也就是小细节部分的完整雕刻，对细微的难以雕琢的或不足的部分进行精细修饰。如果是彩色影雕，还要进行第五步上色，在黑白影雕的基础之上用毛笔蘸取丙烯进行着色。

第九届金砖会晤期间，我为五国领导人量身定制了影雕人物像。其中，普京总统、埃及夫人的影雕人像作品，在金砖会晤期间，也作为国礼被他们永久珍藏。

哎呀，时间过得真快，那已经是2017年9月的事了。那时，我们还自行设计了影雕的镇尺和杯垫，作为客人馈赠亲朋好友的礼品。

原来惠安女师傅所雕的作品都是黑白色，现在有彩色的影雕。这些彩色的作品，都是学了六年之后的技师雕刻的产品。有惠安女系列、十二生肖系列、十二星座系列、十二生肖福字系列。

中国人喜欢吉祥如意，相信大家对“福”字并不陌生，“福”字寄托了我们对幸福生活的向往。福字是“福禄寿喜财吉”六大吉祥之首，最重要的是，“福”字有丰富美好的寓意，象征家庭和睦、福气满堂、和谐圆满。

在中国，不管是百姓还是历代皇帝，都有请福的传统，我们制作了一款“福”字作品，就是康熙御笔的“天下第一福”，这个福字代表“多子”“多田”“多才”“多寿”“多福”，这也是唯一一个“五福合一”之福。很多客人非常喜欢这个作品。

当然，我自己还是喜欢用黑白两色的雕工变化，创作出一个多彩的世界。其实，说白了，惠和影雕就是一种利用“去黑留白、明暗成像”原理，并融入绘画技法创造出的石雕艺术。创作过程全凭一根特制的合金钢錾，在黑底纯色石板上经打稿、画图、初雕、细雕、精雕等工艺流程，点凿出大小、深浅、疏密不同的微点，以点缀线，以线构面，逐渐形成一幅作品。一幅A4纸大小的作品，需要上亿次点凿方可完成。

现在，我让我的儿子接班，把这门技艺传给儿子安安。他现在已经是市级代表性传承人了。这样，影雕从清代李周传承至今已三百余年，在我的家族传承里，从爷爷辈到厦门开始到我的儿子戴毅安，有传承记录的已经有四代。

我是惠安女，也是福建民间工艺大师，承袭李周的“针黑白”工艺，一直保持核心技艺，一以贯之，创作出《郑小瑛》《拥抱》等一批优秀作品,使影雕具有更强的艺术表现力。

同时,我感到技艺需要传承,人才需要培养,因此也培养了戴毅安、张小珍、江爱红等传承者队伍,使影雕技艺得以传承和发扬。

2017 年 9 月金砖国家厦门会晤中,惠和影雕在福建非遗展上向世界展演,习主席亲自向普京总统介绍:“她现在做的事情就跟绣花一样,但她们绣花是在石头上而不是丝绸上。”

如今,惠和影雕作品经过大家的努力,已经广泛应用于建筑装饰,更作为家居装饰和文创产品走进了普通百姓家。

现在呢,我想和大家分享一些我的影雕作品里的得意之作。哈哈!

我先讲一个《拥抱》(又名《盼》),好不好?

当年,有个《拥抱》的照片,是伊朗和伊拉克战争期间,一个韩国的摄影师拍的,照片里的老人家紧紧抱着小女孩,生怕因为战争再失去自己的亲人。这一个作品里,孩子的眼睛很真实也很自然流淌出的眼泪感动人心!当时,我的孩子就跟这个照片里因为战争伤害留下泪水的孩子差不多年龄。哇!我当时看到这张照片好感动,用现在我女儿的话讲,就是母爱泛滥了。啊呀!就在当时,我们做母亲的,都很关注我们同年龄段的孩子们,一看到这个情景就触景生情。然后,我就声明,要给这幅照片做一幅影雕作品。

当时那种心情哦,是很沉闷的,很压抑但又充满激情,做的过程里确实含着那一种感动。我常常讲,影雕影雕,它顾名思义是用黑和白对调的影子来对比。但是,孩子的这一滴眼泪,我用灰色来对比。影雕它是一个平面的,但是灰色和白色在一起渐变,就立体起来,表现出来光影效果了。

你说我怎么做到的?比如我要让它白让它灰,就要非常灵活地掌握和使用这个钢錾,钢錾力度越重,它越白、越浅,力度越轻,它越黑,是一种相反的关系。就要一点一点,把它对比出这种效果。所以，当时这个作品出来，也获得好几个奖啊。哈哈，后面有很多人都跟我说，你再多做几幅这个作品啊，这个太好了！

但是很遗憾，都没办法再做出一幅来。就是没有了当时那种沉静的心情，又因为很多事情缠身，还有企业经营上的种种的问题，很焦虑，没办法静下来的，遗憾。

这个《拥抱》，也是我创作黄金时期的作品。在观赏这个作品的过程中，有一位来参观的客人，想到了米开朗琪罗的一句话：每一块石头里面都蕴含着人物或事物，雕刻家要做的就是把这些展示出来。这就是伟大的雕刻艺术。

下面，我想，还是说一说影雕作品《郑小瑛》吧。郑小瑛是中国第一位交响乐女指挥家，厦门爱乐乐团的音乐总监和创办人之一。她是福建永定人，非常和蔼可亲，90 岁高龄还站在指挥台上，深受厦门人民爱戴。

影雕作品《郑小瑛》，创作于 2013 年

影雕的文化意义就是纪念性，我们给这位了不起的女性做了一幅影雕。这个作品最大的难点，就是要在石板上用钢錾把郑小瑛女士在指挥台上全神贯注的神情表现出来。很多游客看了这幅作品，都很惊叹，特别是对头发的刻画，清晰可见，神彩飞扬。

郑小瑛老师的爱乐乐团成立于鼓浪屿，对于艺术厦门的建设起到重要作用。同样来自鼓浪屿的林巧稚，被誉为“万婴之母”，我们也用影雕加以纪念。福建省还有很多才女，2019 年我们有机会为福建省非物质文化遗产保护中心制作了《林徽因》系列影雕作品。能用影雕纪念这些伟大的人物，特别是伟大的女性，我是十分骄傲的。

2019 年创作影雕作品《万婴之母林巧稚》，为鼓浪屿毓园林巧稚纪念馆收藏

2019 年，受福建省非物质文化遗产保护中心邀请，为三坊七巷创作系列影雕作品《林徽因》

到了 2018 年，故宫征集文创作品，我们选取了最有代表性的盘龙来创作，这幅作品就叫《盘龙图》，当时还获得了一个银奖。影雕，就是用雕塑的语言来诉说石头的灵性，一块平凡无奇、随处可见的石头，在影雕工艺师的手上慢慢就有了生命，我们也用这门手艺保存了我们的记忆，保留了历史。

还有一幅影雕作品，我要讲一下，就是我们的“以艺抗疫”系列——《国士无双钟南山》。钟南山，福建厦门鼓浪屿人，中国工程院院士，著名呼吸病学专家，是中国抗击非典型肺炎和新冠病毒肺炎的领军人物。他始终秉承“不唯书，不唯上，只唯实”。他诚实待人、讲话有根据的为人处世原则，和不断攀登医学高峰、成为国家和民族的脊梁的精神感动了我们。在抗疫期间，我们就用影雕这门手艺创作了这幅作品，记录了中华民族齐心协力抗击疫情的人和事，为大家鼓劲加油。

2017 年指导创作影雕作品《盘龙图》，获故宫主办的首届“紫禁城”杯文创大赛银奖

《国士无双》(2020 年)，被厦门市非物质文化遗产保护中心收藏

其实，每一幅作品，创作的背后都有一个“缘起”。比如我们的影雕《厦大幼儿园》。

指导创作《厦大幼儿园》(2021 年)，陈列于厦大幼儿园

什么样的“缘起”，让我把厦大幼儿园的这两幅老照片复原成影雕作品呢？

我也是怀着一种很崇敬的心情，这一百个孩子，到现在，我也只认识郑启五老师和潘世建副市长，其他人我也不认识。但是从这一代人的身上，我能感受到他们的那种精神所在，特别是潘副市长为厦门的建设、文化出力的精神，哇，我真的是不知道用什么样的文字来形容他！

当然，要说我的影雕经典之作，应该还是那一幅《兰闺雅集图》。大家来惠和石文化园，可以欣赏到这幅在金砖会晤期间，被普京总统大赞的“美人刻美女”的《兰闺雅集图》。这幅作品是我年轻时的得意之作。那时，我不满 30，应该是 28 岁。我花了一年时间，一共雕琢了 12 亿个点组成的。

18年后，这幅作品在2017年金砖国家领导人厦门会晤期间，代表闽南非物质文化遗产在习普会见上得以展示。我的骄傲！惠和影雕的骄傲！哈哈哈！

这幅作品，采用闽南传统影雕技艺手工创作。使用一支钢錾在黑色石板上敲打出疏密、粗细、深浅不同的点，根据“去黑留白、明暗成像”原理表现图像。作品独具艺术神韵，既有摄影光学的艺术效果，又能体现绘画笔触技法。作品还原了《红楼梦》中十二金钗的闺房生活：落落女子闲厅对弈，素手着棋；另有三五女子围炉博古，吟诗赏画；边上的美人林黛玉，身姿婀娜，孤芳自赏，正在推敲着一首诗句。

影雕作品《兰闺雅集图》，创作于1999年，为2017年金砖会晤展示作品

下面，我想，我还是应该详细给大家介绍一下我们的影雕技艺和艺术价值。

俗话说，“苏杭刺绣绣丝绸，闽南刺绣绣石头”。影雕，是闽南最有特色的手工艺之一，具有“中华一绝”的美称，现在已经是国家级非物质文化遗产代表性项目了。

影雕主要有三个方面的特点。

首先是独特的创作方式：以錾点代替颜料描绘，亦雕亦绘，成为一种特殊艺术门类。最难之处是如何以黑白构成明暗，通过点的分布和运用产生不同的明暗和体积。光影的效果，取决于工艺师凿点的技法和节奏。力度的把握，凿点的均匀，直接关系着作品优劣。惠和影雕双手托凿在此体现出特别的功力，让钢錾在石板上游刃有余。

其次是有独特的表现形式：具有强烈的绘画性，有国画之韵，又能如摄影般模拟出真实的影像；虽是平面微雕，却又力图在二维平面上传达出三维空间的立体感；从传统国画线描表现方式发展而来，改用点状的小笔触，由点成线构面，并追求光和影在瞬间的变化，给人以严谨的法则和秩序感，自有一番情趣和境界。

最后是独特的审美情趣：石头的材质寓意永恒之美，能永久保存，独具形式美；融合中国画理与哲学，利用黑白变化取得虚实相生、知白守黑的妙处，独具文化美；作品细腻逼真、立体感强，对毛发等细节刻画更是形神兼备，成为当代人美好生活中的艺术追求和精神享受。

影雕作品《观音》，创作于 2015 年

2016 年指导创作影雕旅游纪念品《沉沉的厝里情》，入选“最闽台伴手礼”

2016 年指导创作影雕旅游纪念品《盼归》，入选“最闽台伴手礼”

2012 年指导《镇尺》，获厦门旅游局“全球征集厦门旅游纪念品”优秀作品奖

七 影雕的守正创新

现在，我越来越感觉到，传统文化需要坚守，而时代发展需要创新。

虽然有时候，我这个老工匠，确实弄不太清楚安安他们那一代年轻人的东西，但我一直努力和年轻人沟通。

也许，我以前太强势了，或者，我老了吧，在他们年轻人看来或许真是老了。但我这个念头不变：守正创新！

我们惠和影雕作品早期以人物肖像为主，悬挂于室内或作为墓碑嵌像，在闽南地区十分常见。发展至现代，更被广泛应用于众多城市标志性建筑和文化广场，例如：厦门集美鳌园、厦门铁路公园廉政法治文化长廊、厦门海洋公园会展段、厦门湖里区家规家训馆、厦门火车站、惠安动车站等。

在坚守核心技艺的前提下，我们要不要发展？当然要！那么，就必须让惠和影雕多渠道、多形式开展传承活动，我和我的团队现在对于影雕的传承，也多次进行新模式的探索与构建。

首先，我们构建了"基地—学校—社区"三位一体相融合的传承模式。例如：先后走进了民立二小、第四幼儿园等学校，招徕金尚社区、钟宅畲族社区和禾欣等社区青年志愿者、湖里区外来务工人员子女学习影雕技艺等。

其次，我们通过文旅融合发展拓宽传播渠道。例如：利用文博会、元宵节、非遗日、科技周、佛事展等节庆，联合各区文化馆、单位党支部等开展展演活动等。

再次，我们园区在大家的努力下，近年来，取得了突破性的工程业绩。大家也许不知道，厦门城市的石头艺术雕塑有80%是出自我们惠和。这一点我很骄傲。

而中国的闽台缘博物馆门前的两根龙柱，也是出自我们惠和。这是世界上最高的龙柱，高达19.9米。还有我提过的那幅《肩负》，它曾获得过2007年城市雕塑一等奖，现在陈列在湖滨中路。它是以剪影的形式描述惠安女勤劳的形象，我们园区也有实物作品。我非常欢迎大家来我们园区内参观，面对面、零距离感受我们的石雕、影雕文化。

现在，大家的生活条件好了，很多孩子不愿意吃苦，当然啦，我们对匠人的态度和其他国家也不同，差别还是很大的。早期，惠安石雕做出口时，外国人有来看，考察我们的项目。要我说，不见得他们的技术有多厉害，但每个工人出来，那种气质完全不一样。你看意大利工匠，一样是工匠，人家有个工具箱，拿出来的时候，就像藏着原子弹一样慎重，这个工具箱就像他的公文包。工具很整齐，工匠穿着工作服，戴一个帽子，很帅气。我们惠安的工人呢，哈哈！是一个裤管长一个裤管短！

意大利的加工器械是世界一流的。他们是作为一种艺术创作，我们是一种谋生的生计，很多人是因为读书读不好才去做这个。我感觉，我们的社会，还是要对工匠尊重。

今天，我们又提工匠精神，提出匠心为上，但中国工匠，还是要面临现实的生存问题。

现如今，经过多年努力，惠和已逐步发展构建了一个独具特色的石文化产业。

说起来，今天的惠和要与时俱进，吸收其他雕刻艺术门类的技法和经验，尤其要塑造“匠人精神”，让我们传统石雕工艺发展得更快更好。

现代社会，我想，除了以往师徒相承、口传心授的传承方式外，还应该有更新的形式，因此，惠和影雕突破家族传承和地域限制，我们设立传习所，定期开班教学；走进校园和社区，开展社会化传承，不断夯实传承基础，拓展覆盖面。

现在，我们惠和影雕的传承谱系也面貌一新：当前除了以省级代表性传承人李雅华，市级代表性传承人戴毅安，区级代表性传承人江爱红、黄惠清等为主要传承群体，还有厦门张小珍、张义玲，惠安李雪云、李雪花等大批社会学徒，以及来自厦门工艺美院、厦门城市职业学院、柳州二职校、金尚中学、同安二实小等的学生。

石文化园的园长张小珍带领的传习团队，以惠和石文化园为基地，践行“创造性转化、创新性发展”理念，改良影雕创作条件，研发传习工具，运营艺术展览馆，提升传承人职业形象和影响力；回应社会审美需求，把石材变得更薄，攻克石头上着色的难关，研发影雕文创作品，走进生活美学领域；依托惠和石文化园发展文旅产业，每年开展进校园、社区、展会、景区活动约 300 场，每年接待上百万的国内外访客。张园长从基地到社区再到学校，开展大量社会化传承工作，推动影雕活态传承。

我手把手教出的学生们——江爱红等勤劳坚毅的惠安女群体——充分发挥影雕适合女性创作的特点，成为最广泛的实践群体。我从惠安农村到厦门城市再回到惠安农村，扎根社区，强化了共同的文化记忆，获得广泛的认同，推动了惠和影雕的当代传承。

从祖父李来水、父亲李走生，到今天的我，再到下一代的我的儿子戴毅安，以及江爱红等新一代年轻传承人，一脉相承，工艺永续。他们在守正的基础上，突出博物馆研究、艺术馆展示、工作室创作，并以文创研发链接市场，实现文化价值与产业价值的良性循环。

同时，我们连续 10 年通过校企合作，培训孤独症少年（厦门特殊教育学校）和苗族、侗族、壮族、仫佬族等少数民族女学生（广西柳州二职校），每年约 20 名；还有从技艺培训到订单合作的惠安工艺师累计超过 100 人；以及每年参与中小学校本课程、高校工艺课程、研学旅行等，接待学生超过 5 万人次。虽然“三年学绘画，三年学雕功，苦练满六年，方可出师门”的学艺过程是一大挑战，但影雕列入省级非遗保护名录后，在社会参与、回归生活之下，学艺者越来越多，传承日趋活态化。

值得一提的是，从2020年开始，我们与厦门城市职业学院共建雕艺大师工作室，开展非遗影雕工艺造型与材料学徒实训课程，学生们经过3个月共108节课的系统学习，最后都能初步创作影雕作品，理论上他们除了自己的专业课外，还需要了解石雕和影雕的技艺和文化内涵，实践部分则由惠和影雕技师和校内专业教师双导师在场进行手把手的指导，同时我还坚持增加讲授“锲而不舍、精益求精”的匠人精神和非遗项目的文化和社会意义的内容。这个班从2020年到现在，已有102位学生修读过，传统老手艺走进高校殿堂，艺术和设计专业的学生可以结合自己的创意和理解去传承这门老手艺。今年6月，课程结业后我们给学生们举办了一次校内展，学生看到自己的作品被展览很有成就感，而我们也很欣喜，因为看到同学们以崭新的视角诠释影雕作品，年轻人碰到老工匠，创新思维碰撞古老手艺，非遗传承迸发出新活力、新动力。

当然了，随着城市现代化建设，我们惠和影雕也越来越多地参与到城市文化建设中，作品广泛应用到户外景观、场馆、墓园、公园、寺庙、祠堂、酒店、公司等装饰上。产业与文化紧密结合，这也是我一直要做的事。

在我第一次做抖音直播时，我最后总结说：“作为一个手艺人，他面对的除了是一个产业之外，还要有一定的情怀和使命。手艺人真的很不容易，特别是当你要守正创新时。”

游客参观影雕现场制作

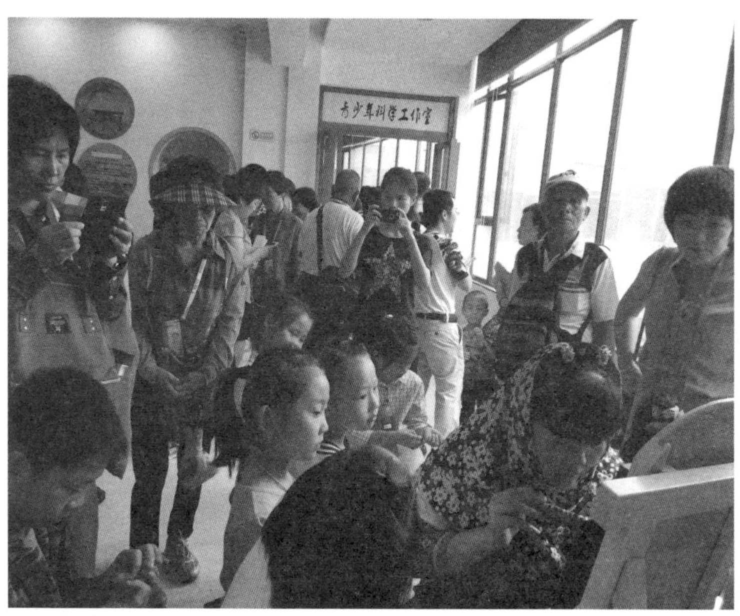

走进金尚社区活动中，江爱红展演影雕技艺，吸引各年龄层居民围观

第五章

石头上绣花

“习近平主席向普京总统介绍说：她们是在石头上绣花。”

——李雅华

这一路走来，颇为艰辛，所幸也取得了一些成就。

2017年9月3日，在金砖国家领导人厦门会晤期间，习近平主席向普京总统介绍我们说：“她们是在石头上绣花。”

2021年5月24日，国务院公布“第五批国家级非物质文化遗产代表性项目名录”，影雕被列入其中，我们的惠和成为保护单位。

我们一边备受鼓舞，一边感到肩上的担子更重了。

我，一个普普通通的惠安女，把影雕带到美国去办展，把代表中国的非物质文化遗产带上了国际舞台。

一路前行，一路回头，回望来时路，我们对自己祖国文化遗产的保护和传承，这条道路还很长远、很艰巨。从我爷爷到我父亲，是这门手艺的家族传承史；从我父亲到我，通过文旅融合又走上了生产性保护的新路。

现在，我面临着下一代的传承问题：如何在技艺上守正创新？如何进行社会化传承？如何“见人见物见生活”？

一 跻身“金砖”，过五关斩六将

2017年，厦门有一件大事，就是9月份举办“金砖国家领导人第九次会晤”。一整年，全厦门都在紧张地筹备着。我能感觉到整座城市既紧张又兴奋的气氛，街上也明显变化许多，每个角落都规规整整，变得更漂亮了。

大概6月底7月初，公司的张总（张小珍，惠和石文化园园长、惠和文创旅游发展有限公司副总经理）给我打电话，说有金砖会晤接待工作，要现场展演“非遗”。当时，我远在美国看望孩子。一年一度，孩子有时回来有时不回来，但我一定会抽时间去看下他们。一开始，我对金砖会晤并不熟悉，还以为只是一个普通的展览而已。推广闽南文化是我们的常态化工作，所以对参加政府组织的各种展览早已司空见惯。

但知道了金砖会晤的重要性后，我7月初就赶紧回国了。

回来时，公司已经紧锣密鼓展开国礼和夫人礼的竞选工作了。我们自然不会缺席，于是精心制作了人物肖像、石头茶碟以及一些文创商品。第一轮竞选，我们过了，第二轮没有过。

为什么没有被选中呢？其实，当我们获悉金砖会晤要在厦门举办时，我就手痒痒的，影雕最擅长表现人物肖像，所以我就提前制作了习近平主席和夫人彭丽媛的影雕肖像。金砖五国的领导人和他们夫人们的肖像，也基本全都做了。每一件影雕，大概A4纸大小，精致可人。但是，后来在竞选国礼的时候被告知，按规定，未经同意不能做领导人的肖像。

哎，很遗憾，但我已经做好了，所以就只能自己珍藏起来。

国礼没竞选上，我以为我们的使命结束了，心里引以为憾。没想到，又接到通知说，夫人团要来参观，我们就快马加鞭地又开始准备。园区参观动线、展示展陈、接待的路线等，要整体向政府报方案。具体怎么接待，接待的细节要分解到每一分钟，还要配套安全方案和测试，最后才能纳入“金砖会晤指定参观点”。

整个过程要经过很多部门的轮流检查，大使馆来了两回，还有我们的外交部，就连警犬也要进来兜两圈。所以，整体接待工作我们还是演练得比较扎实的。

再后来，又通知说要参加一个非遗展演。

刚开始我们并不知道要在习普会前展演，以为只是作为福建省非遗项目在筼筜书院集中展演。地方文化特色集中展示，需要很多非遗精品，传承人也要亲自到现场。当厦门文化馆通知我们，我们就报名了，又开始没日没夜地筹备。

因是全省项目参比，从开始的 50 多家淘汰到 10 家，最终确定了 6 家，惠和是其中一家。原本以为这 6 家是板上钉钉都要去参加展演的，没想到传达 9 月 2 日习近平主席要亲临会场，又删掉了 3 家，只剩下惠和影雕、厦门漆线雕和莆田木雕。

我们最幸运，不单留下了，而且排在第一家。

筹备过程，仅两三个月，反反复复、来来回回。展演地点在筼筜书院，竞选的时候，每次都要用卡车把我的展品、展架等物料，统统拉过去，到现场再卸下来，接着我们布置现场，等待专家和领导看后，再拆掉载回来。每次通知要去竞选，都要这样来回重复一次，前后总共有七八次吧。

确定最后 10 家后，还要彩排。彩排时，手机信号要屏蔽。领导从哪里走，我们要怎么展演等等，每个细节逐渐明朗起来。我们的石雕跟别人不一样，别人可能徒手拿去就行，我们则每次都要用车子，还要叫上两个大汉，因为影雕比较重，影雕架也比较大，到现场都要用螺丝再拼起来。我们希望把最精华的作品都带过去，所以我就把早期做的《兰闺雅集图》拿过去，每次都要两三个人抬，到现场挂上墙，战战兢兢，生怕一不小心损坏了。

后来证明，我们把这个作品带进去是对的，因为普京总统对这幅作品印象很深刻。

除了成功争取到篔筜书院展演外，我们园区还要接待埃及总统夫人。

早先时候，外办通知说我们惠和要作为夫人团和国内外媒体记者的一个接待点，但没有说具体谁要来。所以我们的方案做得比较早，包括中英文解说词，周边3千米内安全情况，园区展品整理，线路规划，不同的接待方案——半小时的或一个小时的，等等。

时间越来越近。8月中下旬，明确通知是夫人团，方案重新调整，安全检查范围也扩大到5千米。武警、外交部、大使馆，很多部门都要来检查。9月1日，进一步了解到是埃及总统夫人要来。

到9月4日当天，虽然已经准备了公司最好的讲解员，但我还是冲上去亲自讲解。埃及总统夫人足足参观了80分钟，我还陪她观看了惠安女表演。

最后，我们送给埃及总统夫人一块“肉石”①，因为我发现她在“满汉全席”②这个点上看了很久，原本想他们不吃猪肉，所以那个点也没怎么准备。但现场看她对这个点很感兴趣，所以我们就送了这样的一个礼物，埃及总统夫人也很开心。

---

① 肉石：也称肉形石，是外观像肉的石头，观赏石的一种。

② 满汉全席：惠和石文化园的一个精彩看点，用各种肉石拼成一桌“满汉全席”，远看像肉，近看是石。

2017 年 9 月厦门金砖会晤期间，埃及总统夫人一行参访惠和石文化园

2017 年 9 月厦门金砖会晤期间，国内外记者参访惠和石文化园

二 越是民族的，就越是世界的

起初接到的任务是：在筼筜书院接待夫人们，每位非遗传承人现场展演中国优秀传统文化。我以为很多非遗传承人都会受邀参会。后面才知道，政府层层筛选，只选了3家。

那一刻，我心里好激动啊。因为，我在想，中国的每一位女性，都知道彭丽媛女士，都很想看到她。政府通知说，要准备好旗袍，等等。刚好有个朋友在做服装，她知道这个消息后自告奋勇说要帮我做一件，而且不要钱哦，哈哈。

很快，她就专门给我量身定做了一件旗袍，看着就特别漂亮、特别大气，我还从没正儿八经穿过旗袍，感到兴奋不已。解决了穿什么的问题后，又开始紧张起其他事情：要跟这些夫人们怎么交流，我要怎样才能让她们充分了解影雕。反正，我满脑子一直琢磨着这些事情。

7月底8月初很快到了，突然接到市文旅局非遗处通知，说这次展演升级为习普会的一个配套活动，就是希望成为普京总统和习近平主席会晤时的一个主要环节，当他们走过筼筜书院廊道时，能亲眼看到我们福建的非遗文化产业。

接到这个消息，我开始着实有点难过，因为那就见不到彭丽媛女士了，实在太遗憾了。但我一个朋友说，你有机会见到习近平主席和普京总统，那是十分荣耀的。也不知道习普会是怎样一个会晤，但看到参与筹备的有外交部副部长秦刚，还有省里各部门领导，哇，我马上跟着紧张起来。

我平时是一个睡眠特别好的人。但那个阶段，有时紧张到睡不着。为了举办好非遗展，为了推广闽南文化，警备啊、安检啊、培训啊等等，一下子提高到了一个很高的规格。

我还接到通知:要穿惠安女的服装,而不是旗袍。心里又一次深深遗憾,好不容易有人替我量身定做了一件旗袍,又穿不上了。况且还要穿回惠安女的服装,我突然觉得有点委屈。

虽然我妈妈、我的嫂子,她们都穿惠安女的服饰,但是乡村里面,我当时读书的时候,有个不成文的规定,只要你进学堂,就不用穿惠安服了。因为我从小就开始上学,后来又到厦门学习和生活,所以基本没怎么穿过惠安服。还有,我认为我年龄都这么大了,不适合穿惠安女的服装。虽然我们公司有些学徒,有时候会让她们穿惠安女服装,而且这些服装也是从崇武那边带回来的,但她们穿的这个惠安女服装,跟我小时候见到的,和我嫂子她们穿的已经完全不一样了。那时候几乎只有蓝色、黑色,现在惠安女的服饰非常花俏,已不再是我熟悉的我妈妈那一代的。因此,我有些接受不了自己穿惠安女服装去展演。

我记得有跟厦门文化局的黄天福处长计较,我说可不可以不要穿惠安服,但黄处长严厉批评了我,还转达了当时省委书记尤权的话:“越是民族的,就越是世界的。”这就是我们应该大力弘扬的“文化自信”吧。作为一个自称坚守传统文化的手艺人,我竟然没想到这一层,只是想着自己漂不漂亮,实在惭愧。

当然,这件事情也要再次感谢我的闺蜜何崇梅,她是一个媒体人。她认为政府要求穿惠安女服饰是对的,因为传统的就是民族的,民族的就是世界的,就是最美的,也最能代表我们自己。

直到我穿上的那一刻还是有点不适应。何崇梅一直鼓励我,陪着我在石文化园走了一圈又一圈。我生完两个孩子以后,身材保持得不太理想,长胖了,重新穿回年轻当姑娘时穿的衣服,何况还花花绿绿的,实在找不到自信的感觉。

何崇梅看到我还是比较犹豫和为难,就陪我回到惠安,找到做惠安女服装的老工匠,定制了几套,就是那种已婚惠安女的服装。

回厦门后，她叫来四个闺蜜，加上我，大家一起都把惠安服穿上。

记得那天下午，她们四个陪着我，整个下午都穿着惠安服。我们在惠和石文化园四处转悠，拍拍照，权当游览。我跟她们一起，相互欣赏，相互看看整体感觉，发现其实我们中年妇女穿上去也挺美的。后来，她们还拍了一张很经典的合照，放在朋友圈里让大家来猜猜真假惠安女。反正挺好玩儿的一件事情，没想到朋友圈反响还不错。

我看到自己拍出来的照片也是美美的，一下子就找到了自己的那份自信。

找回穿惠安服的自信后，我又开始思考：到底是要穿原来妈妈那一代的，还是现在流行的。最后我决定穿老一代的，毕竟这才是习近平主席熟悉的式样。

我的母亲是一字不识的农村妇女，把她接到厦门来生活已近20年。为了要穿这套衣服，我就去问妈妈，当时你穿什么样的服装。因为我了解到主席在福建任职大概有17年之久，想知道那个时候惠安女大概是穿什么样的衣服，什么样的颜色，具体怎么样的打扮。

妈妈就跟我说，要有一条花头巾，是90年代初期，每个惠安女一辈子都想拥有的那种。当年这样一条头巾要20多块钱，上海工厂特别印制，对她们来讲，一辈子最贵的头巾就是这一条，必须结婚时用，或者参加庙会时再取出来戴上。现在惠安女的服饰里，已经没有这样的头巾了。

机会总是留给有准备的人。我问妈妈，我怎么样才能拿到这样的头巾？

妈妈说，她来厦门之前，把这条头巾跟她的一些衣服、细软收藏在老家的一个箱子里。

在老家，我还留有一个房间专门放妈妈的东西。妈妈找出一个小小的钥匙给我。我直奔回老家,进了房间找到那个箱子,钥匙没碰到锁,整个箱子就散架了,木头早已烂掉。一打开,哇,这个头巾金灿灿的。因为这个头巾上绣有一些丝线,所以显得鲜艳如初。

这个真的是"压箱底"的宝贝啊。但是,妈妈当年穿的黑色衣服和蓝色衣服,都太小了,因为妈妈年轻时太瘦了,所以我都穿不了。就这样,我拿着妈妈的头巾和一条裤子,定制了一件比较偏花色的衣服,算是找到了一套原汁原味的惠安女服饰。为了穿得更合适,我穿着这套衣服,在园子里反复训练,紧张地准备着。

后来证明,选择惠安女服饰是对的。当天展演现场,那一身衣服最有特色,成了当天展示上的一个亮点。

习近平主席一走进来,远远地就看到了鲜艳夺目的惠安女服饰。我看到他大步流星地带着普京总统走过来,感觉非常的亲切。整个非遗展示有 15 分钟左右,他们在惠和影雕这个点就足足花费了七八分钟。

我相信,因为自己身上惠安女的美丽服饰,因为惠安石雕的艺术魅力,因为惠和影雕的独特神韵,让两位元首关注得更久。我也相信正因如此,普京的影雕肖像才有机会作为当天的贴心小礼物,由习近平主席赠送给了普京总统本人。

这套衣服我如今收藏起来了,也一定会永远珍藏下去。它有着特别的纪念意义,见证了中国优秀传统文化传达给全世界的美好瞬间,对我而言,它还有另一重意义,给我带来一种从未有过的文化传承自信。

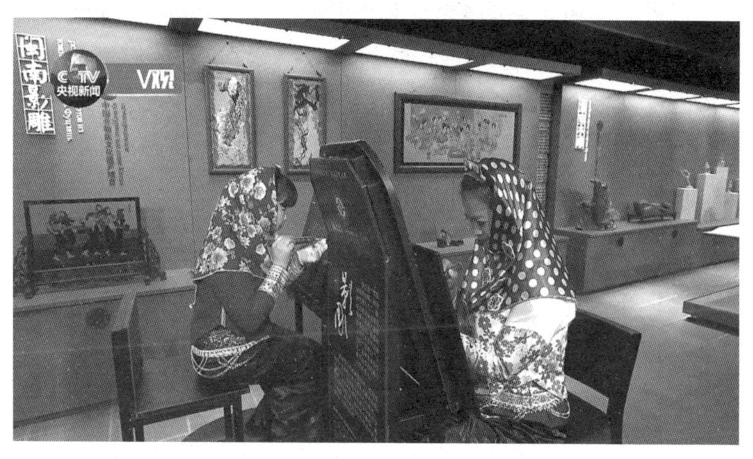

2017 年 9 月金砖厦门会晤期间在筼筜书院展演，右一为李雅华，左一为江爱红

三　我为普京总统绣雕像

说起这个礼物，还有个小插曲。

9 月 2 日，会场要重新再检查一遍。影雕的工具就是那个钢錾，但是最后一次检查，我这根钢錾就被收走了。所以，2 日一大早，我们临时接到告知，惠和影雕的钢錾不见了。这如何是好，没有工具怎么展演！没有工具，那我这个传承人在现场也失去了意义。

他们高层紧急沟通，最后终于同意了。一波三折，但总算是一个好结果。二话没说，我赶紧让公司张小珍又准备了两根钢錾，准备送进去。送进去之前，张小珍问我，还有什么要特别交代的。我迟疑了一下。当时想，这些领导人肖像我都已经做好了，也算是一份重要的纪念，非遗影雕的文化内涵就在于纪念性，能带进会场最理想，不能展示没有关系，收在柜子里也行。

凭多年参加展览的经验，我潜意识觉得一定会有奇迹发生。以往很多人到现场看了影雕，觉得很漂亮很神奇，他们经常会问，“可不可以帮我定制一块？”我们去展览就是为了推广嘛，所以我们一般都会多带几件。我心里想，要是彭丽媛女士来了，我一定要争取送一件给她，哈哈！

我就跟张小珍讲，你把我们之前给彭丽媛女士、习近平主席还有普京总统，做的人物肖像影雕都带进去。她跟我说，不行啦，现在很紧张，人家安检很严格的，安检肯定不会让你过的。我还是坚持己见，我说你暂时不要多想，你把钢錾连作品一起送进去，安检要看，你给他看，没关系，我们不是要摆出来，而是要放在柜子里的，以备万一嘛。

最后，我们顺利把这三幅作品送进馆，放在柜子里。你看，正是因为这样，最后才有了习近平主席亲自把影雕送给普京的这个画面。这个的确不在计划内，是我们自己随机应变，目的也是做到最好。

在这个过程中，还要特别感谢文旅局的领导和工作人员。叶局长他们每天都在筼筜书院陪着我们排演、训练，也跟着我们在路边吃快餐。每每想到这些，我都心怀感恩。一件事情的成功，不只是一个人，而是一个群体的共同努力。事情发展虽然一波三折，前后戏剧性变化，幸好自己遇事不退却，不轻言放弃，哈哈，这源于我个人向来对机遇努力争取的进取心，当然还有各部门领导的加持，以及我的员工团队的努力。

终于到了 9 月 3 日。快近午时，我们提前进入筼筜书院。会晤计划 5 点开始，但真正进场已经 7 点多了。偌大的筼筜书院，一边是我们的集中展示，另一边是领导人会议室。平时演练时，展厅人很多，但那天我们在现场，展厅却很安静，没什么人，也没有认识的人。后来，媒体到了，包括外国媒体。我跟我的学生江爱红，从 5

点多进展厅，一直站在展台，直到主席他们走到我们展厅，应该是7点半左右。一进入展厅，主席就直奔主题，马上向普京总统介绍，第一句话就是："她们是在石头上绣花，不是在丝绸上。"

展演现场有三个非遗项目，我们排在第一个展位。主席先看到我的学生，随后拐个角度就看到我，他看到我的时候，跟普京总统讲："这就是惠安女，她们很勤劳，很质朴，能滴水穿石。"

习近平主席对惠安女的解读太精准了。

对于影雕，我们一直有个形象的说法——"苏杭刺绣绣丝绸，闽南刺绣绣石头"。习近平主席没有这样讲，他说得直白，却很有力量。当时，展演现场安排有讲解员，就是厦门市非物质文化遗产保护中心专家黄念旭老师。我们演练时，曾被告知不能直接给领导人讲解，必须由黄老师来统一讲解。在长期的演练中，也是由黄老师具体指导，包括一些细节的讲述。但一到现场，大家都没想到，主席直接给普京总统介绍了。

由此可以看出习近平主席对闽南文化、对惠安女是非常熟悉的。毕竟主席在福建工作17年多，对闽南文化有着深厚的情感。听到我这一口半生不熟的"地瓜腔"，看到特色鲜明的惠安女服饰，他一下子受到触动，所以也就自己直接讲解了。我想应该是这个深层次的原因。

主席经过我时，我正在影雕架上雕刻一幅《惠安女赶集》的作品。

主席问我，一幅要做多久？我跟他说用两个月的时间。然后，他走近挂在墙上的大幅影雕作品《兰闺雅集图》，跟普京总统描述起红楼梦十二金钗，介绍得很详细，说挺久的。我当时还在展台上坐着，很紧张。接着，就听到主席转过头问我："这一幅《兰闺雅集图》你雕多久？"我就很自然走了过去，因为紧张，手上的钢錾也没放下。面对着主席和普京总统，我很习惯地拿着钢錾左右比划，说："这幅是我29岁时，用了整整一年时间，敲凿了12亿个点才完成的。”

俄罗斯翻译一直在旁边同步翻译。普京总统听我说完，就对我说了一句，我听到翻译说的是：“美人刻美女”。哈哈，我就跟普京总统说“谢谢”。周围陪同的人员包括习近平主席大家都笑了。

等他们走向下一个非遗项目——莆田木雕，黄老师就开始插进去继续讲解。最后是漆线雕。三个非遗项目距离不超过15米，这一次我们国家准备送给普京总统的纪念礼品是漆线雕战袍，代表着俄罗斯英雄民族精神。我们都留在原地，远远看着他们。

突然，我看到秦刚部长跑过来，急促地问我：“你有没有做普京总统的影雕？”我吓了一跳，按规定是不能做领导人雕像的，我还以为他是来查我的，稍微犹豫了一下，还是从柜子里找了出来。刚好，第一件就是普京总统的影雕肖像。

影雕作品《普京总统》，于2017年金砖厦门会晤福建非遗展上，由习近平主席赠送给普京总统

秦刚部长拿了就走，由主席现场送给普京总统，并告诉他说："这是刚才那个在石头上绣花的给你做的。"哦，原来是要送给普京，我才放下心来。后来，我听说是主席主动提起来，询问说有没有做影雕纪念品。因此，这件作品就由习近平主席赠送给了普京总统。

正因为这个事情，省里事后还特地给我颁发了一个"金砖接待优秀奖"。

在这个展演现场，我能很明显地感受到，习近平主席对中国优秀传统文化的热爱。算是给自己上了生动一课，不仅更能理解现在国家提出的传承中华优秀传统文化的理念，也对当下正在做的非遗保护工作增添了信心和荣誉感。

正如我的一个朋友说的："你把影雕带到了世界舞台上，这对于非遗传承可是一大步呢。"

展演结束后，我的心还怦怦跳得很快，取回手机，第一件事就是给守候在外面的儿子和何崇梅发语音，我说："哎呀，我简直太激动了，我现在手都是抖的，我要敲键盘都困难，我微信都写不了，我只能语音告诉你们……"我感觉自己语无伦次了。

等换回便装走出来，快九点了，见儿子准备了一束花在外面等我。我仍然无比兴奋，简直可以说是红光满面、喜气洋洋，看到家人和朋友，过了好一阵子，我才慢慢冷静下来，把整个过程细细告诉他们。

我真的是太荣幸了。作为一个老工匠，一个非遗传承人，受到那么高的礼遇，得到习近平主席和普京总统的赞美，感觉自己身上的担子更重了，更深切体会到传承和弘扬中国优秀传统文化的神圣的荣誉感和责任感。

影雕作品《埃及总统夫人》，于 2017 年金砖厦门会晤期间创作

四　我到美国办展览

“你把影雕带到了世界舞台上，这对于非遗传承可是一大步呢。”

说到这个国际舞台，因为孩子在美国，我还因缘际会在美国办过一次展呢。

缘起是美国朋友的偶然提议，但没想到效果还很好。

真的，有机会在国外推广中国传统文化，这是一件很骄傲的事情。这种骄傲，对于我和我的团队在国内继续传承这个手艺，提供了新的动力。我把影雕带出国门，让老外亲眼瞧瞧中国传统文化遗产。展览中，孩子在公司微信群做直播，发图片、发视频，看到老外对我们的影雕那么好奇，看见有人收藏了我们的作品，大家都很开心。

那为什么会有这次展览呢，还要从孩子出国读书开始说起。

中西两种文化，让我从中获益良多。可能我的学习能力比较强，心态比较开放。十几年来，我在中国与美国之间来来回回。不同的文化，不同的生活方式，给我带来了很多灵感；听取不同的见解，和不同的人交朋友。我甚至在孩子读书的城市，建立了一个很好的朋友圈。

我常感叹，从一个惠安偏僻的小渔村，走出国门，甚至在照看孩子的过程中，拿了美国的驾驶证，经常从我住的地方，去学校接孩子回家吃饭。像我这样，英文半字都不懂，也能这样来去自如。其实不是我伟大，而是我有一颗开放、自由的心灵。你看，我们在国外，可以用百度，可以用手机地图，可以导航，导航可以用英文也可以用中文。你看看，这就是科技的力量。你可以不懂英文，就可以走遍美国。如果你要交流，通过翻译软件，连要吃咸的吃甜的、讨价还价，都可以搞定。

所以很多东西在外人看来，好像不可思议，但你走进去了，你就能适应。所以，归根结底，孩子是我的希望，是力量。现在孩子已经可以毕业了，但遇到新冠疫情，孩子们就回国了，死心塌地跟在我身边学习。

我一直讲一句话，到了国外，你才更强烈地意识到自己是中国人，你才知道其实你内心有多爱国。不同的社会，不同的环境，时时提醒你，只有国家强大了，我们百姓才真正强。所以，真的，生活在我们这个时代，我以生为一个中国人而骄傲。

在求学过程中，孩子们也会听到、看到一些对中国不友好的现象，像某些组织就在华人集聚的地方，去宣扬一些对我们国家不利的言论。孩子很单纯，他会问我说："妈妈，真的是这样吗？"我说这是不对的。我会告诉他这个事情的来龙去脉，同时告诉他，我们需要向国外学习好的方面，回来弘扬我们优秀的传统文化，这样我们的国家才会进步。学有所用,学归所用。

我这个老工匠也会经常跟他讲一些家风和国情,比如说阿公对我的影响啊,国家为什么改革开放啊,妈妈今天有机会来到这里,挣钱给你出国留学,就是因为我们国家的改革开放和进步发展。听着听着,孩子也会深受影响。他留学十年,还愿意跟在妈妈身边学习,虽然有自己的压力和挑战,有时候也没有那么自信,但我已经很满意了。

在孩子读书的过程中,有两件事情,我还是要讲一下。

有一次,坐飞机回中国,坐的是美国一家航空公司的飞机。我坐的基本上都是普通舱,吃完饭后要上洗手间,就得排队。排了很多人,轮到我前面还有一个人的时候,他突然走出来,给我比了一个姿势,说让我先上。我听不懂,但也猜测出他那个姿势的意思。哇,我当时傻掉了,我还是不敢走过去,他站在旁边,再一次比划,我才忐忐忑忑地走进洗手间。一个陌生人,很绅士地让我先上洗手间。虽然是一件小事,但我很被触动,我很震撼。

我的印象里,在惠安老家,我的父亲,我的哥哥,所有的东西,都是他们优先。他们是不可能替哪个女性主动做什么的,比如说替女人拿个东西,如果是这样,那会被人讲,哇,这个男人太没出息了。在我的生活中,包括我 14 岁来到厦门这个大城市,我也很少看到男生会谦让女生什么,能公平已经不错了,更别说女士优先。这是两个完全不同的社会文化传统,那一次真的把我震撼到了。

哎呀,我出了洗手间后一直跟那个人点头说,“谢谢！谢谢!”因为不会讲英文。记得在早先的一两年,国内国外,来来回回,每次我行李太高拿不下,旁边只要有外国的男生,他都会帮助我把行李拿下来。

第二件事情是,那边很多华人华侨,不管他们是基于什么样的状况到美国去,或者都已经华侨好几代人了,但他们对中国都非常非常的热爱。真的，我见过的人，起码没有人说我们中国不好，大家都深深以中国为荣。在美国的一些来自马来西亚的华人，是父辈以前就从福建过去的。跟这些人认识以后，有时候他们到访厦门，知道我在做这门手艺，就一直说："李雅华，你什么时候来波特兰举行一个展啊？"

我儿子读书的这个州[①]跟我们福建省是友好省州，他读书的这个城市叫波特兰[②]，跟苏州是姐妹城市。市中心的唐人街旁边建了一个"兰苏园"，因为它叫波特兰，加上苏州嘛，所以叫"兰苏园"。听说还是我们苏州的古建工人来建的，做得非常漂亮，是很纯粹的那种苏州园林。我其中一个朋友，算是那边的一个侨领，她就特别鼓励我到那里去办展。当时，我是挺自卑的，对着一块石头，拿着个錾仔，敲啊敲，看看人家的高科技那么发达，又是全世界经济体量最大的国家，怎么会看上我们这种东西啊。我一开始是这样子想的，我没有自信。

儿子到美国四五年间，这些华侨朋友一直鼓励我，积极帮我筹备。

2017 年，兰苏园有一个周年庆活动，纪念他们的前一任市长。这个市长是一位女性，但过世了。波特兰结缘苏州，建立姐妹城市，正是因为这个市长提倡，并在她任上得以完成的。兰苏园这次周年庆活动就是为了纪念她，所以成立了一个类似委员会的机构，这个机构委托我做一幅这个市长肖像的影雕，以示纪念。同时，他们鼓励我多带几件作品，一起参与这个周年庆的活动。

因为来来回回都是坐的厦航，西雅图这条线我也坐得很熟了，

---

① 俄勒冈州：福建省与俄勒冈州在 1984 年正式建立友好省州关系。

② 波特兰：美国波特兰市与中国苏州市是友好城市，苏州在波特兰建立的"兰苏园"已成为两市文化教育交流的象征。

于是我跟厦航申请,能不能给一个优惠的托运价格,因为石头实在太重了。我准备拿二三十件作品过去展览,厦航也很爽快,托运三个箱子只收了两个箱子的钱。厦航也赞同输出我们中国文化,讲好我们中国故事,需要得到更多人的支持。就这样,我带着影雕过去了。

他们这个活动办得非常隆重。周年庆请了旧金山中国领事馆的副领事,请了波特兰的市长和市长夫人,还有很多人,那我就不知道是谁了。他们做了一个很完美的展览活动,一个完美的周年庆,整个流程有冷餐会、有领导讲话、有展览等等。对这种活动,他们很慎重对待,大家都盛装出席,不像我们这边,活动似乎都比较随意一点。特别是那个市长夫人,穿得很漂亮。

展览过程中,安安帮忙布展、摆作品,现场用英文给外国人介绍。很多人都觉得不可思议。他们很欣赏中国传统文化,他们看得很仔细,问得也很仔细。他们还会在影雕架上体验一下,那种感觉很真实、很强烈——用手轻轻触摸石板,亲手感觉这个影雕,体验这个在石头上做出来的画抚摸起来是什么感觉。

他们很惊讶中国博大精深的文化:中国的这个匠人,能够把一幅作品,通过一个这么小小的钢錾惟妙惟肖地镌刻在一块石头板上。

除了市长的这张肖像,我还做了兰苏园整体的影雕,结果这幅作品被当地的一个做房地产的华人拍卖走了。当时好像是4000多美金,他直接买走了。但这笔钱,我们也不好意思拿回来,所以就捐给了兰苏园。有个有趣的事情,因为展览的影雕要标价,但也不知道如何定价,我就直接把人民币改成美元,单位改了,数字没有改,哈哈哈。

我记得带了有28幅影雕,几乎都没带回来,统统都被买走了,只剩下一幅就干脆留在兰苏园了。当然,我也把所有的收入都捐给了兰苏园。

这个活动得到了美国一个华人报的整版报道。文化传播对非遗的保护是很重要的。

如果还有机会，我希望继续把中国文化通过非物质文化传承人这种鲜活的方式传播出去，讲好中国故事，做好文化输出。中国在外国人眼里是神秘的，他们向往东方，对中国充满好奇心。作为一个老工匠，我能感受到大多数美国人对中国都很友好，对中国的西安啊、故宫啊，他们都特别特别向往。

因为儿子在美国留学，我很幸运有机会把非遗影雕带到国际上去传播，我想这对于我国的非遗传承和文化自信是非常重要的。

2017 年在美国波特兰市兰苏园举办个展，与戴毅安（后排）、兰苏园园长苏珊（右一）合影

2017 年兰苏园个展，与戴毅安（后排）、兰苏园园长苏珊（右二）、中国驻旧金山领事馆副总领事任发强（左一）合影，影雕作品《波特兰女市长》由波特兰苏州友好姐妹城市协会收藏

2017 年兰苏园个展，与波特兰市长泰德·惠勒夫妇合影，影雕作品《小情人》由他们收藏

2017 年兰苏园个展，与当地侨领 Wilson Chen 夫妇(右一、右二)合影，影雕作品《兰苏园》由他们拍卖走

2017 年兰苏园个展，与中国歌舞剧院艺术总监兼首席指挥彭家鹏(左三)等合影

2017 年兰苏园个展现场展演

2017 年兰苏园个展，戴毅安在现场讲解

五　我在抖音播首秀

在公司团队的多次劝说、鼓励下，我决定拥抱一下互联网：尝试用互联网做非遗传承与传播。

最后敲定在抖音直播。说实在，我挺紧张的。平时，我比较反对这种直播方式，总觉得这样好像有点虚假，没什么真实感，起码有点不严肃，我还是习惯与人面对面，这样更真诚。

但这个时代、这个社会，需要借助互联网，把好的东西推荐给大家，也把我们的工作和感受分享给大家。慢慢地，我这个老工匠也意识到需要转变一下观念，来迎合现在年轻人的思路。

2020 年 4 月 22 日，我在抖音做了第一场直播。有了这尝试以后，我后面还参与了多次直播，像咪咕的、央视电影频道的等等。

刚开始确实有点尴尬，但慢慢讲到石头、讲到石雕，我就滔滔不绝了。直播后，公司品牌部帮我整理了直播内容：

> 石头是大自然界给人类的舍利子，大家走着走着，不小心踢到一颗小石子，这颗小石子就是一部大自然的教科书，它与日月同辉，一个石头的形成是经地壳变化形成的。先有地球，有了石头，才有了人类。
>
> 我们一定要敬畏自然，一定要敬畏这个地球。我小的时候，我们在祭拜祖先之前，要先拜“地基主”“土地公”，它这种在民间其实就是一种敬畏。是先有地球，才有人类的。地球由什么组成？由石头。石头属于不可再生资源。我们身边随处可见的石头，都是与日月同辉，都是不可再生的。我们现在提“绿水青山”，其实就是对我们为了经济发展付出的环境代价的反思。惠和就是因为敬畏自然，对每一个石头怀着敬畏

之心，把它们的附加价值提升到最高，这就是我李雅华的使命。

我不知道怎么形容一块小石头和宇宙浩瀚的关系，但如果没有这块小石头，宇宙浩瀚不起来。你看，当时我们为了有外汇，我们卖了多少资源，用炸药炸整座山，成材很少，都是用炸药炸的，后面发展到用电切割，那这个好点，比较不会浪费。一个国家的发展是必然的，这也没办法。但现在，我们可以，也一定要从这块石头中挖掘出最大价值，点石成金。石不语而最可人，为什么那么多人歌颂“精美的石头会唱歌”，你看我们的灵璧石、太湖石，我只要把它摆好，做成钢琴的琴键，就可以马上敲出一首歌，就像编钟编磬一样。所以，石头很伟大。

我们只是赋予石头生命，把它的灵魂激活。中国的几大石窟，表现的就是我们的历史文化。我在惠安的哥哥弟弟们，他们都传承父亲所谓的南派石雕，就是比较大型的雕刻。这些石窟都是大型的石雕。前不久，习近平主席到大同石窟，他把石窟在千年来对历史的见证提到了非常高的高度，说“大同石窟是中西文明的一个融合”。每个时代的雕刻都不同，都代表着当时的历史、人文、经济。我的理解就是用石刻去看历史，以历史来观石刻。所以，朝代不同，雕刻家的手法也不同，每一件历史雕刻，都代表着那个历史时代。比如鼎盛时期的唐朝，经济、文化都发展得很好，所以这个时期的佛像也非常饱满、很愉悦、以胖为美等等。很简单的一个道理，我们现在国家发展了、百姓丰衣足食，所以我们做出来的东西都跟美有关系，很愉悦，如果是在兵荒马乱的时代，民不聊生，你看北魏的佛像，我们说是男观音像，那其实就是映射了当时百姓将对社会的不满。

那石头和惠和、和李雅华有什么关系呢？从小父亲就跟我说，我们惠安人就是吃这碗“石头饭”的。那时候还不知道这话什么意思，走着走着，我十八岁跟父亲学这门手艺，才明白了父亲说这句话的意义。那惠和和石头有什么故事呢？惠和就是要把石头的灵性，还有它的文化、艺术，它的灵魂激发出来。我的这门手艺叫影雕，有人说“苏杭刺绣绣丝绸，闽南刺绣绣石头”。其实，这就是闽南的石文化，我们闽南石头匠祖祖辈辈就是靠这门手艺在吃饭的。在我们国家大力弘扬传统文化，保护手艺人的倡导下，惠和也以石文化为载体来积极推动闽南文化的生活化、艺术化，以及手艺人的传承、保护和发展。

我再介绍一下这门手艺。金砖会晤的时候，我作为闽南非遗传承人，有幸被国家推荐为民族传统文化的代表，来向普京展示。展演时，习近平主席讲了一句话，说我们在石头上绣花。那我们是怎么在石头上绣花呢，其实它的原理很简单，刚才我们讲到大自然的舍利子，就是这块石头，它经过水磨抛光成90度的光影，这时候我们用一根合金钢錾，在石板上凿点，通过去黑留白，黑白成像，构成了一个画面。石头是一个光面，我用合金钢錾凿点，通过点的粗细，把黑白的影像对调出来，我要把握力度，通过凿点的深浅，来表现图案的远近，就这样成像的。所以，这个叫石头上绣花，也就是我们目前所看到的影雕。

当然，随着年轻化和时尚化，惠和影雕在原来传统的基础上，也做了创新，引进一些新工艺，像一些卡通版的佛像，我们就会用彩色，这个彩色的影雕就是用普通油画颜料画出来的。我们说石头会呼吸，我在它上面凿点的时候，它的表面就是粗的，所以它比较容易着色，把颜料吸到石头里。彩色影雕，这个是比较现代的，我本人还是比较喜欢黑白影雕，因为它比较凝重，而且有历史感。

其实，所谓的这样的一种工艺传承，它不单单是指这门技艺如何弘扬，更要讲到的是如何把博大精深的石文化运用到我们的一些生活美学来。例如说，我们惠和也在把石文化生活化，比如利用石头的养生功能把石头作为美食器皿或者用石头去做一些烹调，因为石头毕竟含有多种元素，在日本，他们把麦饭石当作神石一样，用于养生。我要讲的是，作为一个非遗传承人，他不单需要弘扬一门手艺，他更需要把这门手艺的文化传承下去，教会人们怎么坐下来静静欣赏一件东西，怎么有温度地去看待一件物品。

有了这个开始，后来我还尝试了很多其他形式的直播，这对于保护非遗的传承环境其实是起到很好的作用的，让更多的年轻人可以来了解和喜欢它。

2022 年 6 月“海峡两岸赛龙舟活动”期间，走进中央电视台电影频道直播间，右二为李雅华，右一为戴毅安

2021 年 2 月,走进厦门电视台《聆听两岸》栏目

2021 年 12 月,走进咪咕金鸡直播间

2021 年 12 月，走进文旅部人事司举办的线上专题培训会

2017 年 8 月，走进央视《非常传奇》栏目，向主持人阿丘介绍惠和影雕

2017 年 8 月，走进央视《非常传奇》栏目，嘉宾何赛飞体验惠和影雕

2019 年，老艺术家祝希娟(左四)等在第 33 届金鸡奖期间参观惠和石文化园

2020 年，为老艺术家王晓棠(右三)创作《王晓棠》，中国电影博物馆收藏

影雕作品《王晓棠》，创作于 2020 年

六 "当种子就要晒干"

之前说过,刚开始跟父亲学这门手艺时,我心不甘情不愿。你说一个十几岁的小女孩能坐很长时间吗,何况坐在那不停地在石头上敲点,多枯燥。

但是,我父亲老是一句话,说"当种子就要晒干"。意思是说要培养你就一定要严厉对待:如何拿好錾仔,如何打成一条平线,如何让你打下来的点结实又圆滑,深度、力度各方面都能达到标准。只要父亲发现我们没有认真做(他听声音,如果没声音就是停了),马上"啪"地一下,从后脑勺一巴掌打下去。

父亲所说"当种子就要晒干",我现在的理解不单单是指技艺学习要刻苦,另外一个层面的意思是——我们要坚守核心技艺,要坚持品质,这颗种子才能够世代相传。

我先说一下我们这门手艺。苏杭刺绣用的是一根针,闽南刺绣用的是一个一公斤重的錾仔(合金钢针,也叫钢錾),它也像是一根针。学艺的基础,是一定要打稳。在学习的时候,拿錾仔的力度、火候把握好,这根针才能随着你的心。你想把画面拉近拉远,你就用凿点的深浅表示,而深浅则是用力度来控制的。

经水磨抛光后的石板,会形成一个光面。我们把想要做的作品先描绘在这个石板上,然后再根据版面的深浅、肌理、光影的变化,用合金钢针把它凿出来。我们这个弧线不要太多,否则整个版面会变得复杂,在适当的位置可以稍微浅一点点,速度不用太快,越轻松越好。我们使用錾仔有一定的惯性,不能握得太紧。

我很爱煮饭。如果不做这门手艺,我会学着经常煮饭给大家吃。煮饭其实跟学一门手艺还挺像的,首先你要真的喜欢。其次呢,要专注,你才会很放松,并且很享受这个过程。

我经常回惠安,也去过一些工作室参观。在崇武,男的从事石雕,有些女的从事影雕。现在,几乎很少看到年轻一辈去学的,看到的基本上已经三四十岁。现在这些三四十岁做影雕的,她们的受教育程度,可能就是初中,她们需要为家庭多负担一些,所以就老带新去学。

现有的技师,大部分年龄都在三四十岁,都已成家立业,都有家庭负担。所以现在的影雕行业没有一个系统,大家没有集中在哪一个公司或工厂去做,大家都分散,把东西拿回家去做,因为她们要兼顾家庭嘛。正常一个工作室,两三个人在那边做,其他有订单需求的,就拿回家做。每个工作室比较精品的作品,可能需要纯手工的,就会请一两位老技师,来完成这些作品。

我说两个工作室吧。

第一个是刘碧兰影雕,她的工作室还蛮大的,在洛阳镇洛阳桥附近,就在大街上。工作室的成品比较多,但生意也不是很好。现在她主要是指导,亲自上手也比较少,因为年龄大了。我去拜访过她,人和蔼可亲,没什么架子,学徒也不多。第二个是李雪花姐妹,跟我同村,山霞镇的,不是崇武镇,从族谱上看,还是亲戚关系。她们两位三十五岁左右,这个年纪做影雕的人比较多。她们也有店面,店面里有个制作车间,固定人员三四个。本地人学的很少,她们现在想把这个技艺传给外地人。以前是说不传外地的。她们收的三个徒弟都是外地的,而且是男生。其实影雕技师也有男生,而且还做得蛮好,都是做那种高难度,比方说人物一类。大家的初衷,一开始都是要养家糊口,喜欢的可能比较少,但后来大都转化成了真正的热爱。

崇武是一个石雕加工基地,很多外地人来这发展。这些人刚来时,可能觉得做大型石雕有些辛苦,粉尘特别大;相较来说,影雕对体力各方面要求稍微弱一些,就有些人会选择影雕。但这是双向选择，当你选择了影雕，给你三五个月时间，如果师傅看你耐心不够，可能也就不带你了。况且学艺时，包吃住，但没有工资，逢年过节有可能发点钱。出师之后，就可以按件计费，他们做出来的东西可能还需要师傅去调整一下，工价会相对市场行情价差一些。

学这个影雕，又辛苦，又赚不到钱，起码短期内是赚不到钱的。还有，这个手艺一直都面临着机械化的冲击，当然这个有市场的问题。以前，大家比较追求工艺、技艺这一块，现在因为整个市场的需求量，以及价格竞争，所以整个影雕产业，包括工艺都趋向商业化。很多都是机器制作出来的，没有从前那种手工的感觉了。我经常跟我的团队说，对影雕这块，我们还是要有所坚持和追求，最起码的，我不希望我们惠和影雕的机械化痕迹过于严重，手工艺还是要有所保留。我不反对机械化，因为毕竟时代和环境不一样，而且机械化也有一定的优势，看市场需求来确定是否机械化。但手工影雕的核心技艺必须坚守，必须传承，而且其文化内涵不能因为商业化而遭到破坏。

说到这个市场问题，手工类的东西，它成本就很高，造价高，市场比较受限。现在很多人，可能知道影雕这个东西，但他不知道影雕分几种工艺，你把机械的给他，他也能接受，你给他手工的，他可能看不出区别，而且还觉得为什么这个东西价格还那么高。

纯手工的价格至少是机械的好几倍。以人物肖像为例，纯机械的才一百多，纯手工的要几千块，差个十倍应该有。如果是机械加手工的，在四五百左右。以前，我们打图出来，或手绘图出来，然后用复印纸把图案描在石板上，可是现在激光的影雕，就好比把那一道工序给忽略掉了，直接用激光把图案打到石板上去，然后再在上面雕刻。

但其实这种做法，对后续的手艺要求和工艺师的经验要求会比较高,比方说,你要懂得如何把原先的机械痕迹覆盖掉。你做出来的东西,如果只是稍微点缀一下,别人一看,也还是一个机械的东西。手艺高的技师,对美学有掌握的,就会去处理远近关系,那做出来的东西与手工的区别就不大。但是,一般而言,现在做出来的东西,你还是可以看出它前面经过了一道机械设备加工的。

石板现在也有这么一个问题。因为矿产资源日渐减少,相较以前,石板质量会差很多,以前是纯黑的,没什么杂质,现在多多少少都会带点杂质,会有射线什么的,这就会影响影雕质感。

我很强调我们要从品质的源头去控制,但还是受限于很多方面。比方说,我们现在的市场需求量没有以前大,我们没办法从矿区直接拿货。

现在惠安的店面主要用来展示,如果店主也是从事本行业,那他会在店里面做一些加工。大部分情况是,当客户有定制需求时,工匠就拿着影雕板直接在家里做,做完之后,再把成品交给客户。店里面,基本是直接卖成品。崇武古城的两侧有一些店面,是卖影雕纪念品的,但款式比较简单,工艺手法也趋向机械化。

纯手工的东西,现在懂得人还是不多。以前经营影雕的店面比较多,现在有些转做餐饮了,还有些店面,虽然也有影雕,但影雕只占小部分。在惠崇路上,两侧都是石雕店,在那里有一些店面,可以找到影雕,但主要是一些工艺品店,它们也穿插着卖些影雕,专门卖影雕的店可能只有三五家。

这就是惠安整个影雕产业的大概情况。

惠和立足厦门,就是想解决这些问题。一方面,我们把影雕订单交给惠安工厂或一些个人工作室来完成,通过市场来带动影雕产业的发展。我们同时培养自己的工艺师,招聘惠安农村妇女学习影雕,以工资或订单的方式合作。但惠安女都在家里,家庭第一。逢年过节,她们都需要拜拜,还是比较受限,时间没那么自由。比如说,我们现在要在厦门做一个影雕工作室,她们就没办法从老家过来。

另一方面,我们在厦门做一个平台,采用多种符合时代的方式进行非遗文化的传播,同时面向社会培养影雕工艺师,扩大影雕的传承基础。你看,我们有传习中心、有艺术展厅、有一个文化旅游景区。我们还举办了很多走进校园、走进社区、走进街区、走进展会的展演活动,等等。

惠和影雕传习团队参加第七届海峡旅游博览会

2018年，与厦门市旅发委陈桂林副主任（右二）、吴东凯处长（左一）在台北国际观光博览会上合影

2018年，在第20届中国国际投资洽谈会（厦门）上展演，吸引了众多国内外客商

2019 年,在上海中国国际进口博览会福建展馆展演

2019 年,张小珍在上海中国国际进口博览会福建展馆,向商务部党组书记、部长钟山(左二)和福建省文旅厅副厅长林守钦(左一)介绍惠和影雕

2019 年，在第 20 届中国金鸡百花电影节，外国友人现场体验惠和影雕

2019 年，在国务院新闻办的福建专场，向中宣部常务副部长、中央文明办主任王晓辉（右三），福建省委书记于伟国（右二）、福建省省长唐登杰（右一）介绍惠和影雕

第六章

我们眼中的她

一 爱折腾的老板

惠和石文化园的园长张小珍，说到第一次见到李雅华的情景。她说——李总，一个爱折腾的老板！

见到李雅华之前，我已经先被电话里爽朗的声音吸引了，带着些许惠安口音，热情而亲和。

跟李总见面的第一天，就是我面试的那一天。那天，我等了她很久。在她的办公室，我看到了很多雕塑、艺术品，能感受到她的文化气息。

一个多小时后，她来了。她走进来就像一阵风，跟你讲话时，语速也是比较快的，你的感觉就是她整个人都是这种风风火火的。在跟李总聊天的时候，你又有一个感觉，她是一个对市场把握很准确的人。她跟我讲市场，单刀直入，几个点都很清晰，听完我做的行业分析后，她也很快会有自己的决断。

面试完，我就决定要来惠和。我当时在海底世界已经做了 11 年，工作交接需要点时间。那是 2009 年 9 月，刚好碰到厦门的九八投洽会。李总已经有意进军文旅板块，计划在会展中心策展，以旅游这张名片，亮相在九八投洽会中。

原本我是想晚一个月再来报到，结果因为这个投洽会的时间点提前入职了。李总说，要做就要赶快。她的性格就是这样，要做就要赶快。我也就知道了她这人的节奏，就是雷厉风行，说到做到。所以，我迅速地入职惠和，带着靓丽的惠安女走进投洽会，亮出惠和这张名片。

走进投洽会是惠和的第一次推广，让整个文旅行业看到了惠和石文化园。

我认识李总，机缘很偶然，但也有必然的部分。李总在传承传统文化的过程中，还是有的放矢地去寻找跟她战略匹配的人才。她是通过一个朋友找到我的，我在鼓浪屿海底世界经历了从开业到最辉煌的时间，有旅游景区运营的经验，所以李总想跟我探讨，如何把这样一个文化项目推向旅游市场。在这点上，我觉得，李总的战略性眼光很高，想要做“文化＋旅游”，把原来观光工厂的概念升级到文化旅游。

原来旅游就是玩嘛，我自己也感觉旅游应该升级。我原来做的是玩，那我现在到惠和，这就是文旅融合的领域。在十几年前，在政府还没有想到文化和旅游的深入融合的时候，她的步伐已经跨出去了。五年前，政府开始号召做文旅融合的时候，惠和已经沉淀好了，蓄势待发。现在有了政府的好政策，别人还在襁褓的时候，我们已经是一个小少年了。

就这样，我就来了惠和，跟李总一起折腾这份事业。入职不久，我已经请了很多旅行社的人过来看，他们对我们的博物馆还是比较认同，但这样子还是不够，所以，李总引进了一台惠安女的表演，每天四场演出，很好地诠释惠安女的精神。这样，一方面为惠和影雕的传承营造了一个文化背景，另一方面在旅游市场上，惠和就是博物馆加一场“秀”，比较有吸引力。开园五年后，我们就实现了入园游客30万的这个目标。

这是惠和石文化园的1.0版本，做了个“文化＋”的种子，五年后2.0版本，“文化＋”做了宽度和深度的延伸，宽度是结合各种手工、手艺人，深度是从半天到一天。比如说，“文化＋非遗”“文化＋书院”“文化＋地方民俗特色”。一般博物馆都是静静的，我们把一个民间博物馆做到动静结合，把一个小时的参观提升到半日游、一日游，而且主题和形式多样化，涵盖到闽南文化的其他项目，比如布袋木偶戏啊，也包括其他非遗项目，像纸雕、拓印等。

在经营文旅的时候，还能够结合时事政治，例如：我们湖里区的家规家训馆就落户在文化园。所以，现在园区有一个板块就是以文化为载体，进行家风、廉政、党史学习教育，这个奠定了我们在厦门闽南文化研学板块的地位。

要是没有李总这么折腾，园区不会一直这样演进和发展。

跟了李总十三年，我感觉自己的执行力不错，但在她面前总是感到某种欠缺。我们有时候会感到老板很多余，就是有些事情根本没必要这么折腾，但是经过这么多年，发生那么多事情，才发现，每件事情，特别是在关键点，她的多余就是加分，往往在成功的那一步，都是因为她的多余才成功的，因为她不厌其烦地做客户服务，不厌其烦地精益求精，然后不断地在问问题。

她问很多问题，当你在忙碌的时候，其实是很烦躁的，但事情成功后，你反思，如果没有她这么多问题，这么烦你的话，不会开启你的智慧。这一点，虽然很讨厌，但我还是很佩服她的，为了把工作做好，李总总是不会嫌麻烦。作为员工，我们常常都很烦恼老板的这种多事，但是成功就在于多事，我们常常都是随便啦，但老板常常不会随便的，如果都随便，那你是不会达到一百分的。

她没有一件事情是不折腾的。拿每年的年礼选定来说，每年我们都要有一份影雕年礼，这个是业务，也是我们的品牌需求。

新年的礼物，每年我都会早早策划两三个方案给她选，但她不会在你给的方案中选，一开始她就有很多想法，天马行空。那我们就按着她的思路走，这对执行人员来讲是最好的，可是再次沟通时，她又会打破自己原来的方案，再次天马行空。我们只好按照她的想法，再一次提方案。她竟然大概看了一眼后，又提出新的方案。对我们来讲，工作效率是超低的。第三次、第四次的时候，反复这样，甚至第五次的时候，我们才定下方案，这时候那个真正的效果就完全显现出来了。

我突然间就有这种感慨，在第二次、第三次的时候，我们是很不耐烦的，她怎么老是没办法给我一个最终的确定。但最后第五次、第六次方案出来的时候，你就觉得前面的折腾都值了，因为确实，你对比一下前后的方案，你发现真的就是达到了精益求精。在这个过程，你配合她是很煎熬的，但总会想起她说的：做每一件事情，既然要做，就把它做到极致，而不是做好而已。

当我们把图案确定完后，李总还要细节到文字、边框。今年的年礼，我们打破了以前传统中式的那种厚重感，更加时尚，在跟李总交流时，你会发现她也时尚了，与时俱进了，因为以往她会选择比较有历史厚重感的东西，今年我们就选择“萌虎贺岁”，走比较时尚的路。从精益求精到与时俱进，最后这个作品出来后，很多客人都说，你们的文创越来越棒了。

李总最常影响我的是，我们文化园，一定是文化在先，这个是不能变的，虽然我们是一家民营企业，也要生存也要发展，但在追求利益的同时，我们还是要一而再、再而三地一直强调文化在先。我做的所有的活动，她都要叮嘱我，文化方向不可以走偏。这件事情，她真的是一而再、再而三地一直强调。

我刚刚来惠和时，因为石头很小众，你要真正引流，是很困难的。那时候，大家对文化的认知和求知欲并没有那么高，所以除了旅游团之外，平时博物馆是很冷清的。我思考了很久，就想办一个主题展，想办一个恐龙展。当时，我把方案跟李总沟通时，三分钟之后，基本上没听我讲完，她就说不能做。

但我还是力争，说要人气，我一定要做。李总说，你这个恐龙跟我这个石头有什么关系？你这个恐龙的文化在哪里？

她一直问我这个问题。那我要回答她的问题，我就要找到能说服她的理由，我跟我的团队开始讨论，最后我们找到了一个理由，就是化石。所以，这个主题展定位“穿越上亿年，探索石文化”，然后达到我们讲科普的目的，石文化和化石也是相关的。

最终，在她的要求下，这个展就不是很直白地叫恐龙展，而是一个科普展。讲了这个以后，才稍微说动她。当然，她也还没完全认同，但看我做业务心切，就同意了。但到要开展时，她在前一天还在叮嘱我，明天所有的媒体报道，都要从文化、科普、环保的角度去报道。你看，她这么忙，支持我以后，在开展的前一天，她还要做这个交代。

我今天所做的所有业务，都是因为有她在旁边不断提醒我，不断折腾之后才有好的结果。如果你把李总的话当作毒药，那么你是吃不下去的；如果是当作补药，那是双剑合璧，是双赢，绝对的双赢，在这样的情况下，不厌其烦，碰一次壁再去一次。结果，我们那个项目，不单纯是看展，我们还把博物馆加进去，在多功能厅再配套一个 3D 电影，产品和线路很丰富，效果很棒，那个展持续三个周末，营业额三十几万将近四十万。

李总在经营的过程中，虽然很谨慎，但她很善于吸收营养，而且她知道什么是有营养的，什么是没营养的，她会吸收得非常好，而且把它发挥到极致，同时还带着团队发挥。这就是她身上的一种魅力。

有一次，李总跟我们聊天，她说有一个阶段，她就是觉得自己“没资格生病”。听到这句话，我都想哭了。李总有匠人的精神，对企业管理的责任感,对事业的使命感,肩上的担子很重,总逼着自己一定要强悍。每个人选择幸福的价值点不一样,她的价值点就是去完成这个使命、这个担当。

惠和股份工程部副总王民兴,是公司的一名老员工,李雅华每次都说他是“老黄牛”。他们认识很早,是李雅华在电子厂当司机时就认识了,到了1995年,他就到惠和石雕厂工作,跟着李雅华一路折腾,从石雕厂到购物店再到工程行业。

王总谈起李雅华,一开口就说,“她是销售一把手”。还是在石雕厂的时候,有一次有个客户需要一款比较特殊的石材方料制作石雕,工厂里没有,那怎么办,只能到矿区去找找,当时已经是傍晚了,但第二天就要给客人答复,要是客人跑掉,这单生意就没了。李总为了满足客户的需求,大冬天的时候,开着一辆摩托车,当晚开了一百多公里,到矿区去找这块方料。当时矿区主要是在漳浦、惠安,交通很不发达,矿区的道路都很不好走,她一个女孩子就这样把石材给买回来了。客户和生意就是被她这样折腾到手的。

公司年轻一代的员工中有个同样来自惠安的女孩子,叫黄惠清。她主要负责采购工作,来公司也十几年了。她是这样描述李雅华的:李总很愿意给年轻人机会,但年轻人也要愿意去“折腾”。

李总经常跟她说:“黄惠清,你事情做了,就是要做到好,不要让别人去诟病。然后,不要轻视任何一件小事,如果连这种小事都做不好的话,你怎么去做大事。反正,任何东西都要尽全力。”

惠清刚接触项目时,有一次可能做得比较不到位,被客户投诉了。她记得当时是做烟草公司的一个雕塑,好像是一头牛,这个模型是在环岛路那边做,当时她还不会开车,乘坐公共交通出行,时间就有所耽误,业主就投诉说,怎么还没到。接到投诉后,李总就把惠清叫过去,说了她一顿:“做任何事情,都要负责任,如果做不了不要给惠和丢脸。”

话说得很重，惠清当时是有点受挫，但李总经常说，要培养孩子，不是说他能挑一担水就给他一担水，而是他还在提水时就可以给他一担水，他挑得起一担水时就给他两担水。李总可能觉得惠清比较年轻，可塑性比较高，所以对惠清要求就比较高。说实话，在她这个年龄，现在能发展成这样，也接触了很多其他同龄人接触不到的，已经算是做得不错啦。只要能够让年轻人成长的，李总都会让年轻人上。

惠和团队的年轻人没让李总失望。前几年，惠清具体负责园区家规家训馆的建设，这个项目在她们俩的折腾下就完成得很好。

这个项目是这样的：通过家规家训馆的建设，进一步挖掘传统家规家训中“向上向善向廉”的精神内涵，向全社会广泛宣传动员重视家庭、家教、家风建设，用优秀文化筑牢反腐倡廉思想防线，营造风清气正良好氛围。这是福建省首家建设在公园内的家规家训馆，李总觉得一定要特别用心去做。

该馆以弘扬传统家规家训为主线，将一些历史名人的家规家训和好家风故事通过多种表现形式予以弘扬，旨在以石刻为主要载体，将家风文化融入闽南建筑、石雕工艺、影雕技艺，以石记史，以石观史，让游客在石刻印迹中追寻中华优秀传统文化，感受和传承历史名人家规家训背后的优良家教和清廉家风。湖里区家规家训馆的建成使用，为湖里区家风建设开辟了新的阵地、搭建了新的平台。

李总爱折腾，也很用心。除了用影雕形式把故事情节刻画得形象生动，在我们表现闽南建筑特色的“出砖入石”墙边，还特意摆了个“古早味”的石磨。结合家规家训，提出两层寓意：一是“磨”实为磨砺，告诉大家心急吃不了热豆腐；二是告诉大家家规家训的传授需要一个过程，并非一蹴而就。

所以，我们同事们都说李总是一个“爱折腾”的老板，其实这正是“爱拼才会赢”的精神体现。

2019 年，惠和全家福

李雅华（二排左七）、黄俊毅（二排左六）、邵西川（二排左五）、王民兴（二排右六）、郭志敏（二排右五）、徐晶（二排右四）、张小珍（二排右三）、黄惠清（三排右六）等

2019 年，在国务院新闻办福建专题会上合影，右一李雅华，左一张小珍

福厦高铁惠安西站的影雕装饰壁画《惠女民俗》

二 产业弄潮儿，时代女强人

惠和管理顾问黄俊毅说，李总，简单地用十个字来说，就是：产业弄潮儿，时代女强人。

我叫黄俊毅，厦门人，来自厦门大学嘉庚学院管理学院旅游管理专业，主要研究旅游开发、文化旅游、非遗保护与旅游利用等。2011 年至今，我担任惠和公司的管理顾问已经 12 年了。

要说对李总的印象，首先，我敬佩李总，是一个女强人。

第一次见到李总是在 2011 年 4 月的某一天。当时，我学校（厦门大学嘉庚学院）管理学院副院长颜明健教授，因朋友介绍受雇为惠和的总顾问，他得知公司有文旅板块，所以也就把我介绍给李总。

4 月的厦门，天气不冷不热。那天早上我准时来到园区，与颜教授碰面后就一起在办公室等李总。没过一会，听到外面有个响亮的声音在讲电话，伴随着高跟鞋的脚步声。随着声音由远及近，我看到了李总。她满脸堆笑，热情地打过招呼，便坐下泡茶。

简单两句话，李总询问了我的工作经历，针对她感兴趣的事项，她又进一步追问。我觉得，在短短十几分钟的交谈中，我已经被她“看透”了。随后，李总问我是哪里人，然后就跟我讲起了闽南话，她一听我口音，就说“你是不是禾山人”，我说应该算是。她立马就觉得我很亲切，因为公司最早的工厂就设立在禾山。

说起来，李总看人，虽然有很强的主观性，但同时也很理性。

这是李总身上的第一个魅力，感性与理性并存，我总是感到她很感性，也很理性。

记得有一次，李总有一个亲戚想到公司来上班，李总知道后，立马对帮忙介绍的人说：“公司现在是不需要人的，他如果真有困难，我可以私下资助他，但不要来公司。”还有一次，我跟李总谈及学校的一项校企合作项目，李总听后，立马说：“黄老师，这是公司行为还是个人行为，如果是公司行为，那这个项目不适合我们，如果是个人行为，那我可以参加。”

这样的拒绝，本身也是让李总很难受的，但商场如战场，她很清楚她必须拒绝。对被拒绝的人来讲，总是不太好受，但确实合情合理。

李总的智慧还表现在她的战略眼光上。李总的决策有时候很慢，有时候很快。园区负责人张小珍经常跟我抱怨，说公司要打印啊、业务来往啊、聘请新人啊等等，大大小小的很多事情都要等李总慢慢地审核，她没有了解个一清二楚是不会做决定的。

的确，有时候，我也觉得在一些小事上李总的决定总是很慢。反而在一些“大事”上，她的决定却出人意料的快。

当时，公司在开旅游购物店时，已经做得很成功了，但李总却迅速地做出决定，把购物店关了，然后全力以赴创办旅游景区。果然,不久之后,国家旅游局开始管控旅游购物团。之后,就是文旅融合政策的发布。而这个时候,李总已经是先行一步了。

还有一件大事,新三板开始的第一年,李总突然决定要上新三板。之前我了解过,上新三板的费用一年估计要在100万左右,但李总似乎不经过思考就已经决定了要做这个事情。后来,她在一个月的时间内,不间断地请律师、会计师,还有一些金融机构的人吃饭,就这样她对新三板也了解得清清楚楚了。随后不久,公司顺利地登陆新三板,她带着高管团队到北京去敲钟。

李总做事和带团队,执行力是惊人的。

在公司企业文化宣导中,有这样一件真实的事情。李总在外地考察时,接到了一个重要客户的电话,说要来公司考察。李总听后,立马答应,因为机不可失。她立马跟司机赶回厦门,一路上打电话交代在公司的同事做好接待准备。但在车子进厦门岛时,堵在了翔安隧道里。李总也是心急如焚,她立马下车,从后备箱取出一辆自行车,她就这样骑着自行车一路赶回园区。等她到园区时,司机还没回来,而她,则准时站在门口迎接这位重要的客户。

李总也经常跟同事说:“我这个人就是这样,要做就一定要做到最好!”

日子一晃而过,至今我已经在惠和当了12年的顾问。作为李总聘请的顾问,我开始给公司做诊断,结果发现了一堆问题。员工跟我抱怨太多太多的事情,薪水低、福利差、效率低下、文化不好等等。一开始,我实在没法理解和不能接受这些问题的存在,于是想着手去解决问题,大有挽起袖子大干一场的架势。

但折腾一圈回来后,我发现问题的源头似乎就是李总,但李总的问题更难解决。

有一天,傍晚时分,员工陆陆续续下班离开公司。我跟李总还在办公室聊着一些事情。李总突然很感慨,她坐在沙发上,低着身子,半抬着头看着我,又似乎在自言自语,她说:“我台湾有个干妈,她说我的性格就是成也萧何,败也萧何。”

李总很清楚自己的性格问题,但她却没办法改变,或许公司的成功是因为她这样的性格,但她也很清楚自己的性格也有可能导致公司难以发展。她是公司的大家长,上百号员工的生计问题都落在她肩上,她不得不处处谨慎,如履薄冰。于是,我开始慢慢理解李总,也慢慢发现,李总作为一名民营企业家和女性领导者这个角色的智慧。

李总一手要抓公司运营,一手要抓文化传承,在文化与商业之间寻找那个微妙的平衡点,这就像走钢丝一样。

站在研究的立场,我十分理解文化产业运营者的不易。但在实际运营层面上的人,就不是那么容易理解了。园区负责人张小珍时常跟我抱怨,她说:“李总这也不让干,那也不让干,又天天管我要业绩。”

对于李总而言,她要把控园区的文化品位,不能让它太商业化,同时她也要兼顾园区的公益性和营利性,因为这样才能为惠和影雕的传承和传播创造良好条件。所以,李总需要从文化进去,但又必须从商业出来。

非遗传承的使命感和责任感,也是李总身上重重的担子。公司采购黄惠清也是惠安女,有一次她跟我说:“每次回到惠安,看到影雕产业一直在没落,李总跟我都很心酸。”从李总的爷爷在厦门开石刻店,到她父亲来厦门创办石雕厂,一直到她通过文旅融合的道路传承这门老手艺,这一路走来,我们看到时代的烙印,也看到一代代手艺人的艰辛。

在惠和,我不断地思考着非遗原生态保护的困境、产业化发展的困惑、社会化传承的困难等等现象与问题。我只是在思考,而李总却是切身践行着。李总说:“金砖过后,惠安把影雕运用得很好,我看到这个产业又起来了,虽然我不是最大的获益者,但心里也是高兴的。”

事业上,李总风风火火,对客户很热情,对传承事业很热情。她身上似乎有着永不枯竭的热情,这是李总的第二个魅力。私底下,李总也很热情。其实,我和一些同事都很喜欢私底下的李总,那个永远热情的朋友。跟李总一起吃饭是一件开心的事情,只要有机会,她总想带我们去吃好吃的,从火锅店到乡土菜馆,甚至她亲自下厨。而在饭桌上,她总是呼朋唤友,每次都满满一桌人,很是热闹。她吃的很香,然后也会跟我们分享她的人生领悟,关心我们的个人事情。

我在惠和当管理顾问,也经历了一番心路历程。一开始是采用各种办法改变员工,后来是想着各种办法改变李总,现在逐渐理解了李总和公司之后,我转向做些互补的事情,做些我力所能及和擅长的事情,做些李总不愿意做和员工做不到的事情。

我觉得我已经脱离传统顾问的角色,成了李总的助手、成了员工的朋友、成了公司成长的见证人。

李总对我有知遇之恩,是李总把我带到了管理咨询的领域,是李总把我带到了文化旅游的前线。于是,我开始追随李总,她是我一个亲切的恩人。

记得有一次,有个朋友想跟人合伙开个小店,交谈中我给了他很多意见,他很惊讶地说:“你这个书呆子怎么变聪明了?”

其实,我给他的建议,是李总也会说的,这是李总教给我的商业智慧。惠和是文旅产业的最佳实践案例,我在这里看到了中国文旅产业政策的效应、看到了地方文旅企业的奋发、看到了非遗文化守护者的坚守。我把我的理论知识带到了惠和,也把惠和影雕的传承故事带进了课堂。与李总及公司一起,成为中国非遗事业的贡献者，成为新时代文旅产业的弄潮儿，这让我很有荣誉感。

私底下，李总对我也很关心，其实我已经成为惠和大家庭的一员，跟公司其他人一样在李总这个大家长的照顾之下。有一次，我跟李总、安安开着车外出考察项目，在车上刚好惠和工程部副总王总打来电话，李总在电话里把王总骂了一顿，挂了电话后，她跟安安说："王总这头老黄牛，公司要养他一辈子。"

安安是很不能理解的，他说："为什么？王总没有交养老金吗？"

园区负责人张小珍经常是一边跟我抱怨着李总，一边又跟我说："我觉得我现在也变成一个李总！"

的确，惠和有时候不太像一个公司，更像是一个在大家长领导下的组织。如果我从正儿八经的管理学理论来看，对于这家有点"野蛮生长"的公司，我似乎找不到答案。

李总是个严厉的家长。有一次她跟我谈到她的教育理念，她说："当孩子只能提一桶水的时候，你要让他去挑一担水。"她也是这样对待员工的，员工没少挨她的骂。有一次，有个员工跟我说："我们私底下也经常说李总坏话，但我们却不允许外面任何人说李总一点不好。"

最终，李总成了我们最亲切的家人、恩人。李总每次都跟别人这样介绍我："黄老师，很有才，惠和不能没有黄老师"。这是对我的最高鼓励。

李总，在我看来，简单地用十个字来说，就是：产业弄潮儿，时代女强人。

2015年惠和正式登陆新三板，李雅华带领高管团队赴北京敲钟

4 融合创新

中国文化报

福建厦门：

文化遗产"活"起来 文化旅游"火"起来

江苏：多措并举助纾困 精准施策促复苏

《中国文化报》以惠和影雕保护实践为例，报道厦门在非遗事业上的成就

三 热心肠的朋友

李雅华的闺蜜何崇梅说：我见证了李总从一个扛着石头过活的小女子，成长为一名成功的企业家。

第一次见李雅华，是在游泳池里。

我喜欢游泳，工作之余喜欢到湖里区体育游泳馆。记得有一次，我在游泳池里琢磨着自学蛙泳。当时旁边泳道一位女士，看见我一直在那里尝试着就是不能换气畅游，她就在泳池旁边指导我游泳换气的一些技巧。当时我试了几个来回，好像有点被点拨开窍了。然后大家寒暄了两句，互相简单在游泳池里做了一个介绍，这就算认识了。

我们游完泳出来的时候又碰到，互相留下了联系方式。

大概是过了两年吧。因为厦门的“大海·音乐”雕塑展活动，我们又走到了一起，并且相识相知。这么多年过去了，我也见证了李总从一个扛着石头过活的小女子，成长为一名成功的企业家，最后成为福建省省级非物质文化遗产代表性传承人，直至推动惠和影雕上榜国家级非物质文化遗产代表性项目名录。

李雅华啊，我们平时都喜欢叫她阿华，朋友们、姐妹们，或是家人啊，都叫她阿华。她觉得大家叫她阿华的时候，感觉最亲切，她也最放松。尽管她有那么多的称谓：企业家李总、非遗传承人李老师，还有三八红旗手、女劳模等等，但所有的这种称谓里面她最喜欢“阿华”。

她在工作的时候，有种灿烂浓烈的色彩，积极向上，内心燃起熊熊烈火，有种不达目的誓不罢休的气势。生活中，她同样用打石头的力气维护着亲情和友情。我记得有一次，我做了一个小的妇科手术。当时我身边没有人,我的家属都在外地,她听说以后就煮了一只麻油鸡,亲自拿过来给我调理身体。那个麻油鸡是用砂锅煮的,她自己熬的,熬了四个小时,按闽南人的说法,这种麻油鸡很补,补血气的。我当时端着那碗麻油鸡,感动得热泪盈眶。

2021年厦门金鸡奖的颁奖活动,来了很多电影艺术家,其中有王晓棠、祝希娟等,这些老艺术家都是她的朋友。每次,这些老艺术家来厦门,如果有参加这个颁奖活动,阿华就会亲自到她们住的酒店去拜访。我记得当时她听说祝希娟老师好像有点感冒生病了,然后她拿上她自己创作的一个香薰炉,里面放一些艾香,炉子是玉石做的,很精致。她让我陪着去看祝希娟老师,进房间的时候,看到祝希娟老师靠在床上,她就走过去把香薰炉放在床头柜上,然后跪在床头边上一边把艾香点上,一边跟祝老师交流。

与闺蜜何崇梅(左一)、戴毅安(居中)合影

那个场景啊，特别感人，特别温暖。

这些老艺术家们都把她当小妹妹一样疼爱。有一次，她去拜访王晓棠老师的时候，哇，王晓棠老师居然专门从北京给她带了礼物，送的居然还是爱马仕的围巾。王老师说，阿华每一年都这样来看望我们，我们这些老艺术家都非常非常感动。阿华也挺感动的，说自己何德何能，能接受老艺术家这样的厚礼。

她自己总结说，主要还是这些艺术家们对她现在所从事的非遗传承事业的认同。我见证了她，从一个扛着石头过活的小女子，成长为一名成功的企业家。

四　像陀螺一样的母亲

李雅华的儿子安安说：我母亲？就像一个陀螺，不停地转。

从小时候起，我的记忆里，我母亲就特别的忙。一忙，对家人自然就没有什么好心情，另外，她本身性格也比较急躁。

确实，要说我母亲的性格，她这个人的性格非常的坚硬，像石头一样。然后呢，要说起我母亲的故事的话，要了解她的性格，还是要从她小时候开始。

其实，为了学这门技艺，她小时候也是很苦的。

我外公，或者是他们那一代手艺人吧，也许都很严格。就我所知，我外公是一个非常严格的手艺人，他们就是靠手艺吃饭，没有好手艺，就会饿肚子。这是外公认定的基本道理。所以那个时候学艺，还真的是非常的辛苦。其实，在他那里，他是没有分父女辈分和不讲亲子关系的，就完完全全是师徒关系。这个技术，当年又是必须靠纯手工的技艺，斧子凿、凿子雕。开始，他也没有公司，就是以雕工技术出名的工匠，他就是走着上一代走过的路，只是知道严师出高徒吧！然后呢，师徒就是一对一，口授身传，不论亲子关系，自己的孩子和其他徒弟一样对待。

那时候，我妈早上起来，早早过去了，还要给他煮饭弄吃的，包括他的老友和石雕师傅，然后呢，再去工作和学习技艺，还要受到特别的监督。因为外公要求非常的严格。

小时候，外公就要求她学艺要非常的专注、非常的用心，认真来做个雕艺匠人。当她在做影雕的时候，外公要求她雕的声音在大石头上要“哒哒哒”一直响，声音不能停，要一直持续。我外公会用耳朵听，一旦听到那个影雕的“哒哒哒”的声音停住的话，他会立马过去，一巴掌就在我母亲的后脑勺盖过去。如果声音不连续，有一下没一下不均匀了，又会过去来一巴掌。

他就是这样，要求非常的严格。我母亲呢，她就这样，在一个不断练习、不断挨着巴掌的情况下慢慢长大。

嗯，现在我想，有时候，我母亲的性格和我外公一样。

到了我们，我母亲一开始也是这个样子。这怎么行呢？毕竟时代不同了。

生活上，我妈又是家里的老大，我外公也没有把她当成女孩子养。我妈跟我外公的关系呢，就是师徒关系了。我的外公会比较注重我小姨，我妈呢，我小时候，感觉他们之间，总是夹杂着一些爱和恨吧。

我妈妈比较听我外婆的话，原因呢，我想是外婆会比较顾着我妈吧。

我妈妈在小的时候，还要做很多家里的杂事。她说因为是家里的长女，那么她就要承担很多的工作。还要上山去砍柴呀，还要放羊啊，还要做很多家里的杂事。

她上山放羊或者砍柴回家的路上，会经过一个类似是部队军区驻扎的地方。她说,那里的人都是外地的人,不是四川的就是龙岩的,他们不太会吃鱼。有时候,军队里杀鱼,他们把头和尾巴还有鱼肚鱼子,全部都剁掉掏空了。我妈就会去捡一下。那些鱼头啊,那些不要的鱼肚啊,还有鱼尾巴啊,收回来弄到家里,煮给大家吃。

我妈老是跟我讲她小时候受苦的事。连地里头的地瓜,在她的那个地方都是很小很小的。没有米就煮地瓜吃,经常吃不饱,就喝水,拼命地喝水。

我以前问她:你最开心的时候是什么时候?她就说就是每次去部队拿鱼头的时候,还有就是上山抓知了的时候。

我妈后来跟着外公到厦门,据说当时从惠安来厦门,要花两天的时间。高中毕业以后,她就尝试进社会,去打工。那个时候,我外公创办一个企业,叫作惠山。我妈最后也进了惠山工作。

那段时间我们改革开放了。海外对石雕的墓碑、石塔的基础用量比较大。于是呢,我们家也挣了一些钱。而我外公跟我妈因为理念不同,也经常吵架。后来,我妈从我外公这个公司出来,自己又创了一个公司,就是现在的惠和。

我外公因为长期打石头,工作环境非常恶劣,他的身体也出了问题。很小的时候,我记得外公就是经常坐在轮椅上,然后吊着点滴。每次看到我们,外公就笑嘻嘻的。

我外公可以说一口很不标准的普通话,比起我外婆好很多。

外婆来厦门已经非常久了,我现在想,应该也差不多有三十来年了,但她是一句普通话都不会讲。

因为我也是家里的长子,外公又特别特别重男轻女,所以,他就花一段时间,打了一个很大的,足足有两公斤重的金链子送给我。哎呀,后来,我也不知道丢到哪里去了,太重了呀!现在想想,挺可惜的。

到我长大读书,初二的时候,我就去了美国留学。因此,我就讲讲我小时候啊,幼儿园、小学时候的一些事情吧。

我感觉我妈,她就是一个完全的性情中人,但是她脾气急躁,做什么事情都比较快、比较利索,我们小时候有些东西有些事情啊,非常容易就让她不满意,她就会很生气。从生活上来讲,她像个陀螺;从她工作上讲,她也还是个陀螺。

从我记事的时候,她基本上都是早上六点就起床了,然后,她起床后,也一定要把旁边的家人都叫起来!她就是这样的一个习惯!

然后,大家就必须都跟着她起来了,并且大家一起忙。

我就记得以前起床以后,就忙这个忙那个,她呢,还要在煮粥后做其他早餐。然后,还要叫保姆起来工作。反正每次,她都起得比保姆还早。

有时候呢,她也很细致,比如说锅里头的稀饭煮好了,她会把稀饭锅的盖子打开,等稀饭凉了以后,她才拿给我们吃。桌上有的时候会有很多的蛋啊,鱼啊的,还有酱瓜,非常丰盛。

我那时候小,就记得每次吃早餐时,我的眼睛都睁不开,困极了。只要在床上一直赖着不起来,她就会很生气。

我上小学的时候,在学校里比较好动,有点调皮。有的时候老师就会请家长,我妈就非常生气。

我记得有一次,她就真的忍不住了。那是我小学差不多上二年级的时候,妈妈把我带到当时的莲花公园那里。现在,我还记得,那旁边有黄鹤楼酒店,就在公园街旁,那个地方有个草坪。因为我们母子吵架,她就停车,车开旁边打一个紧急灯,就把我丢在那个草坪上,说:“我不要你了。”

我就记得那个时候一直哭啊闹啊,搞得整个公园的人都围着在看。那次刚好因为早上又上学迟到和调皮吵闹,在学校闯祸了,所以就这样子，她把我丢在那里。

她走的时候，我一直扒着她一直叫，然后周围的人就一直看着。我一个人被丢在路边，就很绝望，最后我记得是我自己走回我奶奶家的。

我读小学的时候，文化园刚起步，那个时候也是她最忙最累的时候。她要管的事情太多了。

很多时候，把气撒在孩子身上也很正常，没地方撒嘛，不能跟客户撒嘛，一下班就回家了，只能撒在孩子身上。

我能理解她，她也想好好陪我们，好好和我们沟通，但没办法。她这样子也是很累。

小时候，我们去过很多地方玩耍。我记得去了迪士尼。反正出去玩也是的，就是出去的时候，她就是跟着感觉走的样子，心里面总是有各种事，像个无头的苍蝇，就是满腔热血但又不知道去哪里，所以就乱转乱走。弄得后面，大家都很累。当然，现在想想还是玩得挺好。

后来到我上初中的时候，就去美国读书了。

在读高中的时候呢，我就希望，以后我整个的大学都在美国读。我想，我可以离开妈妈了！就是感觉离开了我妈，可以做点自己喜欢的事情，不要再听她说你要这样做、你要那样做……

当时，我感觉还挺好的。然后就有很长一段时间，为了逃避她，也不接她的电话，也不想见她。那个时候她总是想让我这样做、那样做，我就是在想一个事：我为什么不能做自己想做的事呢？我不想让她特别的关注我，我就想做我自己想做的事儿。

然后，因为我没接电话，有些事情，我们就搞得非常紧张。

那个时候，我们的矛盾很深。我呢，就想着要自己的自由。也没有去配合她的想法，就想着远离她，但是呢，她毕竟是妈妈，有的时候呢，我又不得不配合她，不能让她太难过。

这一点我还是很清楚的。

记得后来，我读高中，有时候寒假了，她会过来一周两周，会给我们带很多好吃的东西。整个箱子都是吃的东西。那个时候，她一个人大概提了两个20公斤的箱子，坐了很长时间的飞机，又要转机，才到了美国。

现在想起来，我妈妈那个时候，也真是蛮辛苦的。

那个时候，她也不会英语，就从厦门出发，然后到旧金山转机，有时候会到日本转机，一路上就是一个人走过来的。刚开始的时候还有一个翻译，几次之后呢，她就一个人来了。真的，我现在想想，她一个人也确实挺不容易的。一个女人，只会讲带着闽南腔的普通话，就提着两个20公斤重的箱子，就这样子跨越大洋不停地奔波。

到了我这里就是吃晚饭的时候，或者是我们睡觉的时候，她还在拿手机工作，在处理国内的事情。她也没办法去调这个时差，她说她必须得配合国内的工作时间。她在美国的时候，感觉她依旧是很忙，也很累。有时候还更累，白天要陪我们，晚上要适应国内的工作时间。

但是，她给我们做饭时，我感觉到她挺开心的。

到我读大学之后，也有好几次，她想过来给我们煮饭。

尽管来了很累，但见到我们她还是很开心。尽管很疲劳，还是要让我陪着她去买菜。她一上车就睡着了。上车就睡觉，我早就知道她这个习惯了。她就是这样一个人，很忙很累的时候呢，就在车上休息。

所以，我感觉，不管是生活还是工作，她就是这样子的一个人，很忙，像个陀螺一样。

当然啦，她也很喜欢交朋友。

我们当时在国外的时候，她就交了很多朋友，然后，把我们这个惠和石文化,也宣传出去了。

我觉得我妈像一个陀螺,不停地转。

在美国生活时,她也像一个陀螺,不停地转,如果在一个地方待很久,她会发疯的。

她会自己找事情干,我也没看过她在家待着。她一个人到处逛,一个人开车,语言不通也没关系,她用手比、用手机翻译,自己找当地翻译。

她在美国也混出了自己的一个圈子。她会跟我们邻居手牵手去逛街。

她经常在家里煮饭,然后招呼人,比如说,当地华侨领袖,我们家的邻居,还有我的外国朋友,来家里吃饭,吃火锅,每天都是火锅。

她只要去一个城市,就要去博物馆。然后,她还会跟人家去跳蚤市场,搜古董,还有一些艺术复制品。有时候,会带六七个箱子回来。

她也很会召集人,走到哪里都会认识朋友,都要带一些人。去新加坡的时候,有一次在的士车上,那个司机是福建厦门人,跟她的一个朋友刚巧是小学同学,我妈就边坐车边跟那个朋友打电话,后来,她也跟这个司机成了朋友,然后去动物园的时候,还能碰到一个讲闽南语的印度人。跟她在一起,总是会碰到一些很神奇的事情。

在美国的时候,她动不动就会找一车的人,然后一起出去玩。有一次她和她的朋友一起开车 14 小时,去加州找我表弟。

中途还在旧金山顺路拜访一个朋友,吃到很好吃的卤牛肉,到我表弟那里她就开始卤牛肉,去山姆会员超市狂买牛肉,一次性卤了五六斤。

2017 年,金砖会晤结束的时候,我们刚好放假,我妈妈就到我们那边去。

然后，她就跟当地的博物馆直接联系好了，办展，把石雕艺术展览到了美国。当我们带着她游玩的时候，她呢，已经在那边博物馆里拍卖了一件石雕作品。这样，我们在那边也慢慢就有点点小名气了。

后来呢，她就跟我说："你看，我们这种石雕艺术的文化交流啊，能够把中国雕塑这些东西，跟外国的朋友们一起进行艺术交流，让他们了解更多的中国文化，你不觉得这样的工作很有意义吗？"

我就慢慢觉得，她这样像个陀螺一样的忙，也真是做出了成效。我后来回国工作的时候，也就回到了母亲的公司。

现在，我越来越觉得，她已经没有像以前外公那样，非常严厉地要求孩子了，不会再说：你要这样，你要那样……她也会跟我们商量一些事情。但是，我觉得她往往就是脚步太快了，我们永远都要追着她走。不管是生活上，还是工作上，她总是比别人先一步到那里。你不能差太远，如果差得远的话，她就骂你，差太远的话，就不理你了，就把你甩一边了，自己走了。

她这个性格一直没有变，她就是这样的一个人。她对待员工，其实是刀子嘴、豆腐心，很典型的。就是她能把一个人骂到哭，然后呢，第二天如果员工家里有什么事情，她又是第一个去关心员工的人、第一个去援助员工的人。

也许很多事，她也要放开一下，毕竟时代变了，人也在改变。

与闽南嫁妆柜合个影

指导儿子现场展演

五 妈妈可以正常点吗

李雅华的女儿秀秀一开场就说：希望我妈正常一点，这算期待吗？

从小，妈妈就在拼命工作，从我记事起，无时无刻不在工作。虽然我们从小是住一块的，但我觉得我反倒是跟我姑姑待在一起的时间更长一点。但我妈妈听到这事情，会很生气。

小时候，我总感觉，我妈怎么不能和其他妈妈一样呢？

我们在一起经常吵架，也不是为了什么事情，很多时候是因为讲话。她就是那种一点就炸的脾气，我也是。两个炸弹，我炸，她也炸。她觉得我态度差，我也觉得她态度差，她的用词很伤人，然后我就会很生气。

这是我们之间经常生气的原因，都是因为话说得不好听。现在想想，也不是因为什么事情吵架。很多时候，彼此生气的时候，都不跟对方讲话，这种赌气的状态可以持续一个月、两个月，甚至更长。我对她印象最深刻的事情，竟然都是吵架。不知道别的母女会不会也这样？

有时候想想，是不是我妈妈也知道我跟她的性格有一样的地方，她了解自己，也就了解我，所以也不会去劝我回头，也不会对我好声好气，因为这些对我也没什么用。

有时候，我就是觉得我妈很不公平，对我哥很宽容，对我要求很严。可是，她也是在一个重男轻女的家庭中长大的啊，难道不应该对我更好一点吗？小时候，她把我哥扔马路边的事情，也对我干过，真的就是直接叫你下车，然后她就这样走了。我是女孩子诶，在这个事情上，她反倒不分男女了。

小时候，就是觉得很委屈。现在，比较好了。

去美国留学的事情，其实是我本身比较想去，但妈妈不愿意让我去，觉得我年龄小。其实，我为什么想去美国，就是因为，我看到我哥去了，我觉得我妈偏心，只让我哥去，不让我去，那我就偏要去。其实，就是为了一口气。

“为什么哥哥可以去，我不可以去?”

我知道她是觉得哥哥是男孩子，要出去闯啊，担心我自己一个女孩子在外面，会不习惯。但其实我小学四年级的时候，11岁，我自己就去了新加坡，自己坐飞机过去，很吓人吧，我一个人去考试，都考上了，但我妈妈最后又不让我去那边读书。

初三结束后，2016年，我妈终于答应我去美国。这次，她陪我去了美国，但我入学后，她就回来了。我就自己一个人在那里，我读书的地方离哥哥的地方开车要一个半小时，也住在不同的地方，我住在寄宿家庭，美国人家里，住宿是学校安排的。后面，我换了一个寄宿家庭，是一个亚洲家庭，我妈妈才过来跟对方交流一下，请他们吃饭啊之类的。

我都觉得我比我哥更快、更好地适应了美国的生活。

我在美国时，虽然也很少给我妈打电话，但她时常去看我们。也不是刻意不给她打电话，只是她总是在忙，没办法像一个正常的妈妈一样对女儿讲话。她忙的时候，你给她打电话，一来她也没办法陪你聊，二来她总是以为我需要帮忙什么，所以就会给很多建议，要你这样做、那样做。所以，我也就不习惯给她打电话。很多时候，我不是需要什么建议，但她是不可能陪我的，不可能像一般人家的妈妈一样，闲聊也好，没办法。

反正就是很奇怪，我都不会给我妈打视频。我留学了五六年，一通视频电话都没有，电话也很少。她也很少给我打电话，就是偶尔会发发信息。我也很想问为什么会这样。可能是日子久了，也就不习惯电话往来。日子久了,甚至也就不去想,为什么电话打得这么少。

我们在美国的时候,她一过来看我们,就会发生很多不可思议的事情。

有一次,你知道有多夸张吗?就我跟她两个人,她竟然带了六个行李箱,然后叫我拿!六个行李箱,满满当当,从中国到美国,一路上奔波,然后从美国回中国,还是六个行李箱。

你知道她会带什么吗?电子产品、衣服、巧克力、古董、艺术品、咖啡壶、咖啡杯,等等,只有你想不到的,没有她带不动的。我们家现在有个大铁锅。你知道吗?就是她从美国扛回来的,她逢人便夸。你都不知道那个铁锅有多重,而且根本没办法装在行李箱里。还有,家里现在杯子一堆,各种各样款式的、各种各样材质的,堆满了架子,这些也都是她从美国背回来的。

还有一次,去雪山滑雪,但她不滑雪,而是在上面吃炒米粉。她吃不惯美国菜,就自己煮,然后用保温杯装着,出去玩,就带着,还分给朋友吃,哎!在美国的滑雪胜地,一群中国人围着她吃炒米粉,你想想这有多夸张!

我有时候跟她开玩笑说要吃什么,她没办法过来美国时,真的会用邮寄的,记得有一次寄了几瓶“老干妈”,哇,那个邮费都比“老干妈”贵了好几百倍哦。

还有养狗的事情。

一开始,狗来的时候,我妈要多讨厌有多讨厌它,看到它就说它丑,然后只要它在的地方,就说好臭,躲得远远的。

慢慢地,这只狗会陪她散步,她就说,这只狗走在前面,看到她没跟上,还会回头等她。

这只狗前两天走丢了,我妈真的很着急,满小区地找,边找它还边流眼泪,整个小区的人都知道这个事情。

现在，早晚遛一次狗，给狗捡大便、捡纸的都是我妈。以前看到大便，她都叫我捡，现在都是她捡。

我的妈妈，就是这样一个性格里充满矛盾的人。

我跟我哥都有学一点影雕，我哥学得比较多、比较系统一点，他也比我有耐心，比较愿意跟在我妈身边。我哥的确对我妈比较体贴，你看外出的时候，他会帮我妈拎包，帮她排队，帮她拿伞，帮她开车，但我就不会。

在影雕传承上，我跟我哥也不一样。我对我外公是没印象了，我哥还有，他知道老一代是怎么传承的。所以，我哥哥比我更愿意学习影雕，他现在在园区也帮忙做一些文创产品，然后利用他在国外留学的经历，做一些对外交流的事情。

我呢，就不一样。我觉得，影雕这门手艺肯定是不能失传的，但不一定要我来传呀！哎呀，我是不可能继承我妈妈这个行当了。技艺很重要，要有人继承，但我认为传播也很重要，因为你要让人家知道它，知道它有多珍贵，才会有人来学呀！

所以，在选择大学专业时，我就想学传播，这个在一定程度上也是对影雕的传承，我已经不可能像我外公或我妈妈那样了。但是呢，我可以用现代的媒体，来配合做，把影雕、石雕文化在网络上进行传播。现在，公司品牌部会自己拍一些东西，那我就帮忙剪辑和编辑一下，然后放到网络平台中，他们说效果还不错，哈哈哈。我想，这也是为我母亲他们的这个事业做一点贡献吧。

与儿女在美国留影(2015年)

与妹妹(前排左一)、外甥(后排左一)、儿女在美国合影(2015年)

第七章

石隙里面出清泉

“就像我妈妈讲的，人生嘛，没有完美的哈，你看手指头伸出去，都是有长有短的啊！”

——李雅华

一　两个孩子

我知道，安安和秀秀，应该讲过我了。也不知道儿子和女儿怎么说我？

秀秀最近在跟我闹脾气。她十岁出头，就一个人坐飞机跑去新加坡，有一点我当年天不怕地不怕的影子。我们母女两个人都很硬，也会因为各种事情意见不同吵架。

我也不是伟人，我就是一个老匠人嘛！我不可能做到生活、教育，方方面面，都能得心应手。

儿子安安是1996年出生的，在美国留学多年。我很庆幸，我的孩子回国以后，不认为影雕这门技艺含金量低。相比高科技、金融业啊，他们现在还是比较认可传统的东西。有时候，在教儿子影雕技艺时，看他漫不经心，三天打鱼两天晒网的样子，我就很着急，像我父亲一样急躁，有时候真的也想像我父亲那样，一巴掌盖过去。

这是不对的，毕竟时代不同了，孩子也完全不能用过去的方法来对待。就像以前的车是牛车马车，现在是汽车电车了，不能用过去的方法来面对未来。所以后来，我想既然难以改变自己的脾气性格，就改变一下方法，我让我的弟子来教安安，传授影雕技术，避免我们的矛盾冲突。

女儿秀秀是2001年出生的，现在还在美国上大学，读的是传播学。这一段时间，我们还在闹别扭……我脾气不好，她的性格也很倔强。有时候想想，就像我妈妈讲的："人生没有完美的哈，你看手指头伸出去，都是有长有短的啊！"这句话说得非常好。有时候，我也常会伸出自己的手来看看，这双手，伸出去的每一个手指，这个长点、那个短点，哪个手指头不重要呢？少了哪一个，都不行的。可是，一个不少，五个指头还都是有长有短，所以人生不可能事事圆满，不可能十全十美。

我自己曾经形容我是个残疾人。这个残疾人的比方就是：没能给孩子提供一个完美的、圆满的家！这是我这一辈子的痛和遗憾。在我的这个婚姻家庭里面，因为我是一个传承人，有这份事业，那么我必须去做。但是，我和孩子的爸爸对这份事业的认同感是不一样的，他认为这是我家的家族事业，他认为他自己没有这个事业。同时，影雕工厂从另一个方面讲也是生意。不管如何经营，企业经营也都有顺利和不顺利、盈利和亏损的时候，高高低低起伏变化是正常的现象。可是，当我们企业经营进入一个低谷的时候，他觉得他不愿意和我一起扛下去。所以他就选择离开我，另组家庭。

冥冥之中，我感觉这一切都是命运的安排。今天我来反思这个事情，那么多年过去了，也不要老去说人家。家庭婚姻里，谁也没有对啊，谁也没有错啊？揪着这些问题不放是没意义的。清官难断家务事，我们每个人都要选择自己的路。选择的路不一样了，当然最后就不能一起接着走下去了。有一句厦门话，说是“敢问心怀一团娃”，就是这样一个意思：你要是认为你走的路是对的呢，你就得接受这个结果，不管它是苦还是甜，你怎么样都要坦然去接受。

所以在当时那种情况，我就是认定了，要两个孩子的抚养权。那时候孩子一个应该在小学，一个在幼儿园。其实那时真难，一切都要我自己来，既要当爸爸又要当妈妈，还要顾着工厂。但是就像我妈妈说的，五个手指都不会一样长，人生，没有什么是完全圆满的。当年我只是想着将来给两个孩子最好的教育和生活，当然，那样一种选择方式，在他们的成长过程中，或许会留下一些遗憾。

就像现在我自己感觉到的，在这样一个不完整的家庭里长大，孩子有时候就显得没有足够的自信心。当然，在孩子成长的过程中，我也确实没有办法好好地陪伴他们。把他们送到国外去留学了，那么他们自己在国外，世界观会发生什么转变？他们一路成长，面对我们这个现实的世界，到底有什么样的方法去应对？这些东西，我真的现在没办法弄清楚。

等他们回来，他们已经是成年人了，但不喜欢和我沟通，也许就是这样一个答案：他们已经有了他们自己一路过来的心路历程。这个历程，和我的完全不一样。

其实，我这五十年来的心路历程，我的艰难和我所受过的苦，我觉得也没必要一直讲给孩子们听。现在我想，只要他们高兴就好，你不一定要说，你要来接妈妈这一份事业，他们也可以选择不接啊。因为，我觉得我所成长的这个过程，回忆起来还是很苦的，我不能要求我孩子要跟我一样承受这种压力。做一份事业是太不容易了，但你只要有技术、有实力，就可以把事情做好。

比如说，我能把影雕这一门手艺做到好，就可以生存，就可以在这社会上立足。当然,并不是所有的人,都具备这样的一个能力。所以,我给孩子很宽松的环境,只要他们高兴,只要他们不要对社会造成损失、对别人造成伤害,他们怎么生活是他们的选择,我理解,我也很尊重他们。

对孩子的教育,我自己认为还是比较宽松的。在安安和秀秀小时候,我的各种压力很大,有时候很急,一急就会骂,会想要揍他们。那个时候真没办法。这一点遗憾,是我现在或者说以后很大的一个遗憾:就是我自己,在孩子成长的时期,没能亲眼看到他们的成长。

现在来看过去,总结这个过程,感觉或许是有点问题的。因为出国太早了,他们所有的价值观都受到影响,所以,反倒是现在孩子回来,要适应我们这个社会,这个过程,要非常非常的长。

与儿女合影(2004年)

与儿女合影(2009年)

二　不得不说

人的一生当中,精力总是有限的。大家都说我像石头一样硬。石头太硬,固然有坚强和不怕摔打的一面,但是从另外的一个方面来说,少了柔软和圆融,也许这也是石头的一个缺憾。

在当年,我一路走来确实非常辛苦,也很艰难。现在面对长大的孩子们,我感觉我们人生真的没有必要那么苦。我觉得身心健康比任何事情都重要。没必要硬把我们那一代人的使命强加给孩子。安安他们,就像我妈妈所说的,他们出生就含着金钥匙出生的,你让他怎么吃苦?他们不知道什么叫苦。他们的苦,是在国外的时候想吃川菜,很想吃却吃不到的苦。所以,现实情况也说明,他们肯定也不会和我一样了。

人生苦短，他们想要选择什么样的生活，就让他们去过那样更舒适的生活吧，不要活得那么苦。甚至我都跟安安多次讲过，“没关系，妈妈要做的你不愿意接可以不去接。我这一生，已经把你的个人财物打造好了，你合理地运用就好。你愿意做什么都行，怎么都可以，没必要扛，也不用有太大压力”。别人家就会说，哇，男孩子你要去挣钱的！你要成为家族的顶梁柱。那我的教育刚好相反。我的这个教育方式也不知道对不对，但是对我的两个孩子，确实我就是这样一个想法：只要他们不伤害到别人，那人生不必非要大富大贵。像我们家的孩子，也不讲究名牌，也不讲究吃穿，甚至要给他买车，他还不要。他在国外生活很久，那种生活，已经影响了他对物质等外在东西的看法和观念。他甚至给我讲，妈妈，我就一套衣服可不可以？他已经接受了那种理念，所以，我都凭着他们高兴去做事。

当然不能学坏，不能去什么赌博啦、喝酒啦，去那些不三不四的地方。我们家的孩子都非常善良，至于他有没有本事，能不能扛起一个企业，对我来讲这不是重要的。非遗的推广，其实也是从个人到社会的，一个人力量再大，终究是一个人。俗话说，三个臭皮匠，顶个诸葛亮！不行的话，我还有职业经理人呢。张总张小珍，不也是做得很好吗？为什么一定要自己的儿子、家人来继承？

我以后如果退休了，我也可以继续做一做我喜欢的事情。

安安和秀秀，一个儿子，一个女儿，都是青春期的时候，我就把他们送到国外去受教育的。很多时候，我会反思当年我那么做是对还是错？我感觉，现在我们母子、母女总是有一些方面，嗯，会有（李雅华非常犹豫，她抬起眼说）挺大的矛盾，就好像当年我和我父亲的关系一样，因为理念不同，我们争执、打擂台，似乎是个解不开的结。其实，我走到现在，能有这么一点点小成绩，一切的一切，都得益于父亲帮我，让我从惠安来到厦门。哎，当年上这几年的学并留在厦门，让我开了眼界，让我有一定的平台和窗口。

那个时候，我和父亲也有矛盾，也有冲突，也是这样。但现在我明白，没有父亲让我来厦门，今天，我也根本没有办法能继承他的这个衣钵，然后进行弘扬和传承，这个是至关重要的。

在儿子上初二的时候，我就把他送到美国上学，对一个母亲来讲，我觉得我所有的出发点，都是希望孩子好。我一直是这么认为的：要让孩子到更大的城市，到更远的地方去见世面。

我后面好多的亲戚啊、朋友啊，还有那些老家的人们，如果他们有了一点点小钱，我都劝说他们来厦门买房子，然后，把孩子送到厦门来读书。因为这是我曾经经历过的，实践检验过的！我知道我们做父母的种种的辛苦，有了钱以后，你要干吗呢？在乡下，有可能就吃吃喝喝，或者赌博了。到了城市里，就会让孩子得到更好的教育。

这其实是做父母的责任。所以要是有机会的话，让孩子上到一个更高的平台，当然是所有父母的心愿，也是最好的心愿，当年我就是这种真实的心理感受。当然，遗憾的是我却让孩子在成长的过程中，少了母亲的陪伴。[①] 没办法！我又没有分身术……

如果有人问我，这一辈子对别人有什么样的借鉴或者建议，我觉得我会这么讲：努力不留遗憾！其实，人无法去掌控未来，以后你会走到一个什么样的程度，我们都不知道。只有把当下尽力尽责去做好，每一件事，不分大小努力做，然后，就只有静待结果。这就和影雕一样，要有耐心、耐性，一个点一个点，细细地慢慢地去雕琢，无法半途而废，一幅好作品，也无法三心二意地去完成，只要尽心尽力，总有一个好的结果。

---

① 说到这里，李雅华有点难过。

做到最好，这是我觉得应该的、没有后悔的。遇到挫折了，我只是会自己反思：应该是我们做得不够。所以，我一直像很多人说的那样：努力努力，不留遗憾！这个是我自己给自己鼓励的一个方法。在公司里，我也常会和大家讲：事情既然做了，就是要做到好，不要让别人去诟病。不要轻视任何一件小事，如果连一件小事都做不好的话，你怎么去做大事？

我最怕的是反过来，有时候遇到一个非常大的挫折，就倒下了，爬不起来。有挫折了，那我会回过头去看一下，我在哪一个环节上没有努力？没有做到？如果我很努力地做到了，事情还跟我自己的意愿相违背，那我觉得，我应该坦然接受命运的安排。

与儿子、学徒合影

三 遗憾与愿景

人生多多少少都会有点遗憾吧。

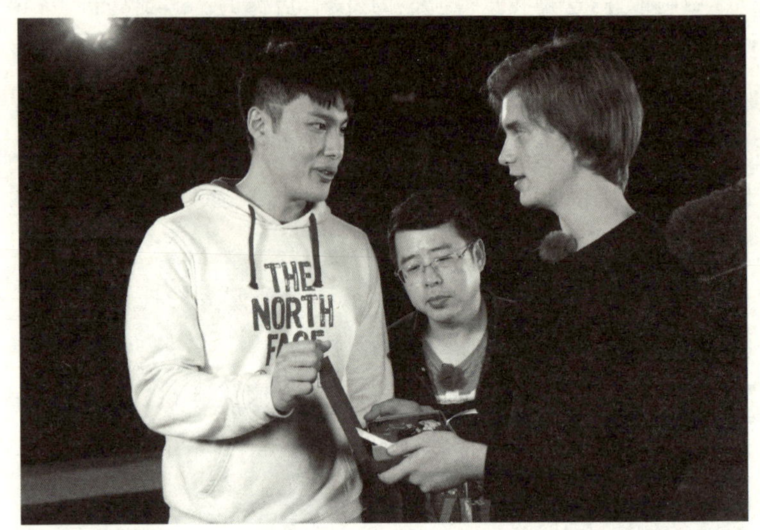

戴毅安在央视《非常传奇》节目上，向外国人介绍惠和影雕

要说我有没有遗憾呢？我最大的遗憾，就是像我这样一个女性，无非就是如何做好妻子，如何做好母亲，如何做好别人的女儿。

围绕我这一辈子，围绕这几个角色来说吧：做好别人的女儿，我觉得我做得很尽责、很好。我对得起我父亲，也对得起我母亲了。做好别人的妻子，呃，我觉得那就比较抱歉，也很遗憾了。因为，一个人的精力是有限的，和天平一样，一边重量偏重了，另外一边肯定就是会翘起来，一定是做不好的。

有时候我也想：一个家庭的不完整，其中有很多因素。对孩子呢，我觉得，这也是命吧。那么，作为母亲的话，我觉得最大的遗憾，是没能给孩子一个比较完整的家庭，这是我一辈子的痛和遗憾。

但是作为母亲，我在这个过程中，已经经历了别人所不能经历的那种残酷、那种痛，只有我自己明白那种痛、明白那种艰辛。①

① 说到这里，李雅华皱着眉头，闭了眼吸气。

真的，就是那种……你的前面有一把剑顶着胸，背后也有一把剑顶着。你往前，胸口插着剑痛，往后，背上也有一把剑顶着痛，那种经历，那些纠结、痛苦，我也这样子扛起来，一步一步地过来了。

我个人觉得我在当年已经尽了最大的努力。我离了婚、也和父亲闹矛盾，还要建厂顾着企业，顾着一对儿女，一个人像个铁人不停地忙。我相信我自己，在当年用了最好的办法，送孩子们出国去读书。结局如何呢？如果说，现在的孩子们，会有点内向，或者不自信，不适应现在的这种公司环境，和我的沟通有些问题，那么，我真的也是要检讨，我当时的教育理念是不是不够好？我要反思自己的错误。

可是呢，当一个事情过了一段之后，每一次我回想过去的此情此景，我觉得我当时做出的，是最明智、也是最正确的选择。那这样来说，说实在的，我觉得对我来讲不是逃避责任，也不是说我不好、不够尽力，我觉得所有的人、所有的事情，是我能做到的我都去做了，也是努力到极致了。那结局是今天这样，我也只能接受，这就是事实，这就是命嘛！

现在，我想就是像古人所说的那样，尽人事而听天命。

那么，孩子以后怎么评价我这个做母亲的？我也不做猜想，我希望，他们有一天能明白。

有时候，也许也是因为我的性格吧，这个结，似乎我们总有化不开的时候，我不知道是否把它诉说出去，我们才能踏踏实实安心一点。我总是相信，天下没有不是的父母。我想说我们每一代人，都有每一代的问题。当他们年轻人自己做了父母带着孩子的时候，会不会和我一样，还会遇到这样那样的问题？那么，以后，他们自己怎么面对这个事情？可能到那个时候才能知道答案。

但我觉得，我这个决定还是要做的，是要送他们出国的。那要说以后会怎么样？以后他们都成熟了，都有了自己的家庭，大家都有了孩子,也看看自己的孩子,到了那个时候,有可能他们就对这个事情的看法会有所改观。

当然,很多人都有这样的感觉:我就像石头一样硬。但我一直都没在意别人的看法。所有的这一切,也许,只有时间会给我们一个明确的答案。

要说到我对未来有什么愿景和期许呢?

惠和惠和,惠及两岸,和而不同。我们石文化园已经走过了风风雨雨十五年。这十五年来,惠和石文化园一直坚持以推动两岸非遗文化交流和闽南非遗活态传承为己任,力求有更大作为。这得益于厦门出台我国首部地方文化保护法规,得益于厦门人民的多样化文化需求,得益于厦门文旅融合的创新发展,这些为惠和发展提供了强大的驱动力。

现在,我们开始规划着构建两岸和闽南非遗文化交流中心。之所以这样想,我们的团队认为:首先,国家级闽南文化生态保护区的建设需要头部带动。闽南文化生态保护区是我国第一个国家级文化生态保护区,2007 年就设立了,包括厦漳泉三地。下一步,建立桥头堡,形成有实力、有影响的头部项目,带动闽南三地做好文化保护与传播工作,既是厦漳泉都市圈建设的需要,也是推动闽南与台湾文化融合的需要,更是文化生态保护区建设的需要。

其次,闽台社会文化的深度交融需要更高能级的新抓手。面对台湾年轻一代的认同异化问题,厦门可以率先作为,立足青少年维度和闽台非遗相通优势,打造海峡两岸非遗文化家园,既有助于两岸“非遗人”实现同平台互鉴互助的共同愿望,也有助于以文化产品输出带动两岸文化认同,还可以营造出新的发展生态,获取高能级的市场和资金支持,打造非遗文化产业发展的头部平台和可推广、可扩展模式。

还有一点,我也想讲讲:立足文化产业、争创文旅融合发展示范，需要一个聚合型平台。

我做过调研，非遗项目大多“养在深闺人未识”。代表性传承人大多分散在各区街道、社区或乡村，普遍体量小、影响小、传承难，存在市场转化难、产业转化更难的问题。我的想法是：率先聚合起来，打造闽南非遗文化交流中心，通过“拧成一股绳”汇聚闽南乃至两岸“力量”，培育形成真正的在地文化“小巨人”头部企业，争创全国文旅融合发展的产业示范。

我们惠和努力的目标，我想也讲一下：那就是成为突出新时代文化服务事业公益属性的标杆性基地。我们准备立足公共文化服务的公益属性，以两岸民众享有同等待遇的出发点，打造共享、公益的非遗文化家园，既可以盘活两岸资源，精准对焦两岸民众，还可以推动两岸非遗的再发展，形成独具特色的服务体系，构建起标杆性文化基地，成为对台工作新的重大成果。

2022年，湖里区发布的《文旅商和夜间经济融合发展实施方案》中，对“惠和—忠仑非遗文化体验公园”提出打造湖里区首个4A级景区的要求。公园地处厦门岛中部，交通便捷，人口密集，具备支撑两岸非遗文化家园和体验公园快速成熟，成为两岸民众体验闽南文化的“网红点”的最佳条件。通过“非遗＋旅游”，海峡论坛期间，可以在园区举办“海峡两岸闽南文化旅游节”；通过“非遗＋科技”，挖掘“人工智能＋文化体验＋旅游体验”的应用场景，打造文化资源数字化的成功案例；可以设立两岸非遗市集，引入项目和传承人入驻，推动产品和技术的同平台互鉴互惠、走向融合。

根据湖里区“惠和—忠仑非遗文化体验公园”特色景区实施方案，我们的构想是，在景区广场建设游客服务中心、3A级旅游厕所等旅游服务设施。优化园内长廊和旅游线路，增加互动体验，提升游客舒适度。同时，投资建设“闽南非遗空间”，争创全国知名文化交流中心，打造非遗产业发展基地。

担任厦门市人大代表(2017年)

当然,从愿景和构想到变成现实,我们还有很长一段路要走。这些年来,有时候我很想退居二线了,可是这些愿景和构想要实现,从目前来看,我还无法轻松下来呀!哈哈,想想看,我也许确实就是天生的劳碌命!我还想着提升空间承载能力,投资建设"闽南非遗空间",构建独具两岸特色的,集文化展演、产品研发、教育研习于一体的全国知名的"非遗"文化交流中心,激发非遗文化产业发展活力。

四　石隙里面出清泉

安安在美国留学多年了。虽然我们的想法不一定相同,但我很庆幸,我的孩子不认为影雕这门技艺含金量低。当然,我在教儿子影雕技艺时,看他漫不经心,三天打鱼两天晒网的样子,我还是很着急的，我想的是严师出高徒！

安安也说，妈妈，你不能像爷爷带徒弟那样严厉，要不然现在的孩子都跑光光了，你要有耐心，要融入一些美术功底，借鉴普通的绘画，现在做影雕，在石板上描绘时，也不完全是临摹的。

我觉得他说得有道理，但我真的做不到有耐心，哈哈，所以我就让我的弟子教他。安安现在还在学基础的东西，他更多的是站在更高点帮助妈妈捋顺思路——如何做好研学？如何把我们的生活美学、把我们的文创产业推向新的高度？

秀秀现在还在美国上大学，读的是传播学。

“影雕是一个挺值得传承的技艺，但我不一定去做一个工匠，但我可以做一个传播者，甚至是一个引导者，”她说，“这个东西不能失传，但不一定要我来传，技艺很重要，传播也很重要，因为你要让人家知道它，知道它有多珍贵，才会有人来学。”

我理解，他们这一代已经不可能像我当年一样，更不可能像我父亲那一代，守着这门技艺一辈子。这些年在厦门做影雕的文化传承，我感受到，如果还要像以前那样原生态保护，纯粹依靠家庭来传承，可能是不适合这个时代了。所以，一定要通过各种方式，把非遗推向社会。

玩这个抖音啊，就是安安开始弄的。公司还做了些短视频，是女儿秀秀帮忙在做。“我就玩玩抖音号，拍一些小视频。”安安和我沟通这些的时候，总是显得很轻松。

我是老一辈的工匠，说实话，比较不能接受这种态度，你再对比我父亲当年带徒弟的那个样子，多严格、多严厉。但后来我又想，时代变了，要与时俱进，他们有更好的工具来传播这门老手艺，这也很好啊。

安安跟我说：“我上次在厦门大学拍摄视频，做影雕，不少人来问，效果还蛮不错的。园区现在也有手作体验课程，有些家庭或情侣会过来，制作一些影雕，作为礼物互相赠送，表达一下心意。外国人对中国文化的认识，可能还局限在中国功夫，或者停留在什么红灯笼啊。非遗文化是中国传统文化的重要组成部分，弘扬中国传统文化，一定要走出去，让大家看到不一样的东西，可能会更有魅力。”

非遗传承不完全是技艺的传承，同时也是文化的传承和精神认同。很庆幸，孩子们跟我在这一方面还是比较有共识的。女儿也有影雕的技艺基础，但让她再往深处探索，可能就要看时机了。公司在抖音号上的一些短视频是她负责后期剪辑的，她也正在运用所学承担起她这一代人的传承责任，这也是一种传承嘛，虽然跟我和我父亲一辈很不一样。

江爱红是我非常得力的弟子，她现在独立教学方面没有任何问题。

我们所谓的传承，不是说你一个人来教，带一帮你的学生，而是学生还能再带学生。我们非遗的传承理念，一是希望从个人到社会，还有一个就是活态化。你不能局限于你原来的区域，你的传承要从个人走向社会，让更多的人喜欢，让更多的人愿意参与和了解。

通过影雕这个手艺，我们把闽南文化挖掘出来。

一个外地游客到了一个新地方玩，他如果选择影雕，他就会知道惠安女，他就会去了解这门技艺的前世今生，这门技艺是怎么一个背景，一下子就把闽南的这个历史底蕴、民俗文化激发出来。

我现在一方面将影雕与文旅相互融合，另一方面在考虑能不能也跟生活相结合，做成民生必需品，或者把这门手艺融入生活当中的一些器皿，让大家随处可见，而不是高高挂起。我们要赋予石头生命，最大限度提升它的附加价值。非遗一定要融入我们的生活，让社会认同，这样它才会有社会化传承的基础。

如何让更多的人知道、喜欢和学习影雕呢？

我说一下我们目前正在做的一些事，比如一直坚持在做的“非遗进校园”活动。我的学生来自全国各地，包括台湾，大多数是女生，因为影雕的制作需要细心、耐心，比较符合女性的特点。

你看，我们跟柳州二职校从 2009 年开始就有合作，他们每年都有学生来园区实习啊、工作啊。每次来都有二三十个人，他们一部分在园区做讲解，一部分去学习影雕。这批孩子很多都是少数民族，有回族、苗族、侗族，还有很少听到的瑶族、水族、仫佬族、京族等，很多很多。广西柳州也有很多石头，好像还被称为“中华石都”，“柳州奇石甲天下”，所以他们对石头是不陌生的，而影雕这门技艺跟他们的文化和资源能联系起来。

他们毕业后，大部分回去了，也有留在厦门的，如果要继续做影雕，我们很欢迎啊。

我经常跟团队说，只要有走出去的机会，我们就要坚持。不管是小学生还是高校，希望能够让他们从小认识我们这门技艺，弘扬和传承我们的石雕文化。

我们一年至少举办一二十场传承活动，比如以前民立小学的啊，2021 年杏东小学的啊，形式也活泼多样，有研学啊、夏令营啊。2019 年，协同北京海淀区外国语学校 170 多个中学生、厦门天地学校 400 多名小学生举办秋日研学活动；2021 年厦门双十中学、实验小学也来啦；2020 年还有江头第三小学的亲子班、后埔社区科普夏令营、湖里区外来务工人员子女艺术夏令营、厦门外国语学校夏令营、两岸青少年夏令营和冬令营，等等，举不胜举。

我们也跟高校合作。惠和一直都是厦门大学艺术学院、福州大学厦门工艺美术学院、集美大学艺术学院等大学的“雕塑实训基地”。

2021 年，厦门理工学院影视与传播学院过来合作。我们还跟厦门南洋学院签了校企合作。尤其要说的是，我们跟厦门城市职业学院合作了一个“雕艺大师工作室”，在他们学校开设了惠和影雕研习课程，一个班四五十号人，两个班，大概有七八次课，整整要上一个学期哦。我们的传承团队和他们的老师一起，给数媒专业的学生上课，有理论，也有动手实践，最后还有个作品展。我们感觉这种共建教学形式很好，学生们也学得很开心。

对学校的专业学生来讲，他们具备美术功底，能够从素描到作品一条龙完成，最后通过非遗手段完整呈现自己的艺术作品，对他们专业精进与创新帮助很大，他们很有成就感。高校的课程，结合专业和学术，对我们的发展也很有帮助。

进小学比较不一样，小学主要是从文化上去熏陶，用地方文化、非遗文化去熏陶他们，寓教于乐，体验为主。这些课程，每次有一两次课是我去讲，让学生感到传承人就在身边。我重点跟他们讲匠人精神，因为现在社会太浮躁了。

我们还跟妇联、文联、图书馆、旅游协会以及很多社区有合作，像江村社区、园山社区、吕岭社区、蔡塘社区等。谈到走出去，我们园区还是历届文博会的分会场，同时也去主会场参展，还参与了海峡论坛啊等等。此外，我们还积极亮相上海进博会等以及台湾的一些展会。

还有两个比较特殊的进校园活动。一个是我们跟厦门特殊教育学校合作，教孤独症儿童学习影雕技艺，在园区开办爱心艺术长廊，展示这些孩子的作品；另一个是跟同安区文化馆合作的，我们在同安区二实小开设校本课程，哇，连他们的老师都来一起学哦，哈哈哈，而且学得很认真。

总之，我们做了这么多工作，就是为了把影雕推向社会，让闽南区域的社区、学校的人都来了解和学习这门老手艺，并将研学所成融入城市建设、文化发展之中。

惠和，也要提升战略思路。

这么多年来，要说感谢，我想真的还是感谢党和政府。如果不是保护非物质文化遗产的政策，我这一辈子的努力其实都很没着落。不知道以后是不是还会有影雕这一门手艺在。但是国家有了政策，就会有保护措施，就像刚刚我们所说的，如果有一天影雕不再有市场需求了，它是不是会消失掉呢？

我现在很有底呀，惠和影雕是国家要保护的非物质文化遗产。我这一辈子最开心的，就要数国家级非物质文化遗产代表性项目的牌子挂上的那天了，感觉自己总算是对得起祖宗了。

现在，随着人类文明的发展、科技的发展，我觉得，惠和这样一个品牌，不管是我，还是孩子，应该都不会希望它不在。我自己更是不希望它在我这里断掉。继续把惠和经营发展下去，是一种对传统的继承，也是公司前进所必需的。

然后呢，就是原来的模式，有一点像过去的那种掌柜模式。我们最初在禾山，前店后厂，就是一种掌柜模式。那种传统的掌柜模式呢，我估计，都不是一种现代发展需要的东西了。我觉得呢，用这种模式去弘扬现代的这种生活也好、美学也好，是有意义的。但是，用于做企业就有可能已经跟不上时代了。

最好的方法是什么呢？怎样把惠和这个品牌功能发扬光大，把惠和这个脉络继续传承下去？我想，那就需要家族跟职业经理人的结合。

我不希望给孩子太大的压力，我要给孩子们打造的是一个平台，在这个平台上，能够继续弘扬我们非遗文化。毕竟，惠和走了那么多年，从我接手到我要交出去，可能也要接近 40 年、50 年，顶多 50 年，那时惠和就是百年老店了。

如果成为了百年老店，我自己就能够在 60 岁的时候，享受一下退休的生活了。

可是很多的时候，生活是很有可能不像自己预想的那样能随心所欲。我能够这么放心地就把它交出去了吗？能把我对生活、对过去的一些有种种遗憾的事情弥补回来吗？真能做到那样吗？

一个企业，有可能不是一两句简单的话就能够放下的，做企业确实辛苦，但是因为我喜欢它、热爱它，我放不下来，我可以任何事情都做。整个公司还有很多东西放不下，惠和，有时候似乎才是我真正的孩子。

当然，按照我这人的性格嘛，有时我也很决断。

也许到了未来有一天，我确实决定要放下，我会马上放下。哈哈，我的骨子里面就有这样的一种劲头，嗯！斩钉截铁，就叫斩钉截铁！就是：该放下的时候我就放下，我再也不会往后面去看了，只会往前面看。

这似乎是遗传，这也是我的性格，确实像石头一样硬的。

因为这是家族企业，如果今后，两个孩子认为，他们确实对这个的兴趣不是很大，他们想做自己的事情，我要不要把这个家族式企业变成一个职业经理人制的公司呢？

安安现在从美国回来了。在新冠疫情之前，我根本没想到安安会回来，那个时候，我已经做好了他不回来的准备——我把惠和改制了。

没有一个女人能像我这样做到这一点，我直接把它放在新三板里面去股改。现在，我们的员工中已经有十几个人成为惠和的股东了。这是第一步——家族传承跟职业经理人结合的经营模式，这样，我算是已经夯实基础了。

但是现在，儿子回到了这里，是我做梦也不敢想的。虽然是我很高兴的事，可是呢，他有时候热情高涨，有时候又低落到谷底。其实，近两年来，我从中已经得出一个结论：不能给孩子添加压力！

真的！孩子没有义务责任，要和我们一样，扛这一份所谓的使命。这么辛苦扛下去，第一，我舍不得；第二，我觉得我的孩子也不一定是这块料。

我个人认为，我一直都给安安一个很大的自由空间。只要他身心健康，他对生活有激情，他可以选择理想的生活方式，作为妈妈，我是绝对不会反对的。

我一直是这种开放的心态。所以我接下来，还是会继续走职业经理人制度之路。我要把这个制度做好，让惠和有社会化的概念。同时，我要把文化基础夯得很好，让惠和的文化不会跑偏，不会在今后被做成乱七八糟的东西。

我现在已经五十五岁了，我想我还有五年时间可以把它夯得更实。这个事情是我目前的使命。至于我的孩子愿不愿意把这个东西继续弘扬下去，我觉得，不见得一定要家族的下一代来做。职业经理制也就是惠和今后要施行的一种现代的、社会化的管理模式。也许，今后惠和的发展不一定完全是李雅华式的。

我个人觉得，时代在改变。我们进入了一个现代化的、信息化的时代。社会的模式、公司的模式、家庭的模式等等方面，今后都有可能转变。那么，我们应该跟得上时代，不一定完全把公司变成我一个人的模式。

与厦门城市职业学院雕艺大师工作室传习课程班学生合影

在华侨大学传媒大讲堂上与大学生交流

惠和影雕技艺传习中心与同安文化馆合作开发校本课程，在同安第二实验小学实施——教师学习影雕技艺

惠和影雕技艺传习中心与同安文化馆合作开发校本课程在同安第二实验小学实施——现场指导学生

惠和影雕进校园活动——影雕工艺师吕爱珍现场指导

惠和影雕进校园活动——惠和石文化园张小珍园长与学生合影

指导广西柳州二职校的少数民族女学生在惠和石文化园集中学习和实践影雕技艺

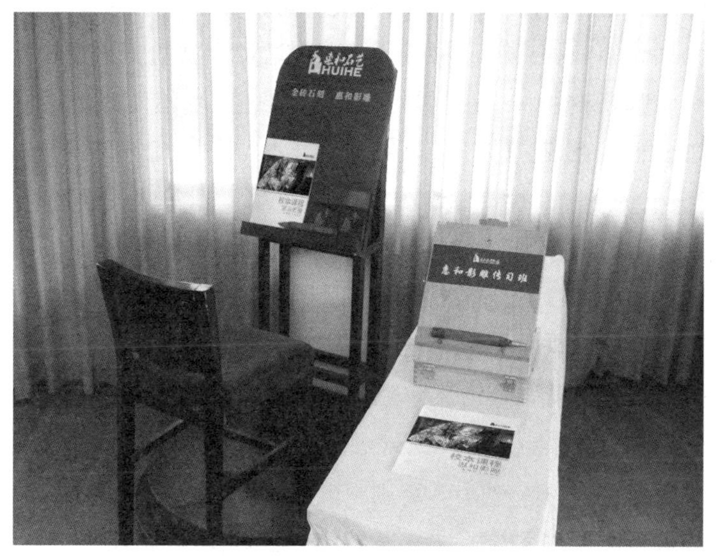

惠和影雕教学教具与研学手册

五　退休后还玩石头吗

如果今后事情进行得顺利，惠和石文化园和博物馆我就可以放下，交给年轻一代。今后，我就可以放心地退休了。

当然，我相信，在党和政府的支持下，厦门众多“非遗人”将与“惠和人”一道，继续坚守信念，为闽南文化保护与传承、为争创文旅融合全国产业发展示范、为推动“非遗”文化交流和交往贡献力量。

那么，说到这个退休，我自己多年前就在想，我退休以后做什么呢？

我这个人呢，很喜欢吃，也很喜欢煮饭。那么如果退休了，我就可以到处去吃美食，叫上一帮朋友，去吃遍各种美食，或者，来我这里吃我煮的菜！然后，到处走走，去发现那些美的东西。我很喜欢那些民俗的东西，很有特色很美！可能也是因为从小没有多深的文化知识，我就要四处走四处看，增加自己的美学知识。然后呢，我就想在乡下住住，城市住住，把这两种不同的生活对比一下。但说实话，我更喜欢那种乡下生活——绿水青山，空气清新。

然后，我可以去国内各地，把没游玩过的大山、大水都走一遍，把那些特别的石窟，都好好看一遍。每次我看到那些先人们留下的石刻、石窟，看着看着，我都泪流满面。我能站在一件作品面前，去感受当时他们如何开山凿壁，然后如何巧夺天工、不怕艰难地做出这样的一个作品。所以，就恨现在没有时间，可以更多地去感受这种中华文化的博大精深，特别是雕刻。然后，我甚至可以到国外去看看名胜古迹。当然，我不要去跟着旅游团，我要找一个伴，自由行，可以一起走走看看，停停行行，吃吃东西，去游山玩水，看民俗，看古迹。

更多的时候，我想我要有时间，就去练瑜伽、去跑步。我不要那种每次为了赶时间，就匆匆忙忙地三十分钟、十五分钟地练。我现在最痛苦的事情，就是没时间走路、没时间游泳、没时间练瑜伽。

我的这些想法，会不会是一个永远的梦呢？

我也说不清楚。我只希望能尽快把惠和的经营提升到一个更高的平台上。那样，有可能我的梦想就可以实现了，我个人的生活规划，就可以实行了。这应该是可以的吧！

话说回来，惠和影雕，确实像我的另一个孩子了。这里面有着传统的历史与艺术价值，这是我无法放下的一个重要原因：首先，它与中国雕塑一向所注重的雕绘结合一脉相承，是中国优秀传统文化的留存形式之一。其次，它展现南派石雕三百年来的经典技艺和创造力，推动了石雕的纯艺术化发展。最后，它是永不褪色的闽南风俗画卷，具有历史文献价值。用点的节奏与韵律表现唯美至真的艺术效果，是中国线条艺术的延续与创举，具有美育价值。

尽管现在，社会好像越来越浮躁，但是呢，我个人以为，时代虽然使艺术走向多元化了，但人们对于艺术魅力的追求却是永恒的。艺术魅力，是艺术家呈现给观赏者的一种艺术享受，一种审美认同，一种强大的艺术感染力。

惠和惠和，惠风和畅。是王羲之《兰亭集序》里写的吧？看，这是多么巧合的事，和中华民族文明的本质特征一样，一个字——“和”。因为有和，天地才得以正，有公理有公德；因为有和，万物才得以生长繁育。

和谐，是中华民族不断追求和崇尚的民族情结。在我创作的作品中，有许多是以历史英雄、中国神话、佛教人物为刻画对象的。我们的艺术品，特别注重古代先贤文化关于“和”的解读。我想，石隙里总能过滤出清泉。有位参观过惠和的老师对我说：“只有文化艺术能使心灵净化，而只有净化的心灵才能使社会和谐。”还有客人细细鉴赏我们的作品，说：“可以看见内心强烈而诚挚的理念：仁和！这也使得影雕的艺术生命更加辉煌。”

我们惠和，就是要打造一个美好和谐的人类社会。现在，有的时候我感觉身体健康比什么都重要。惠和今后的发展，早早晚晚，都要靠安安、小珍他们这些年轻人了。但我李雅华呢，还是原来那个老匠人。

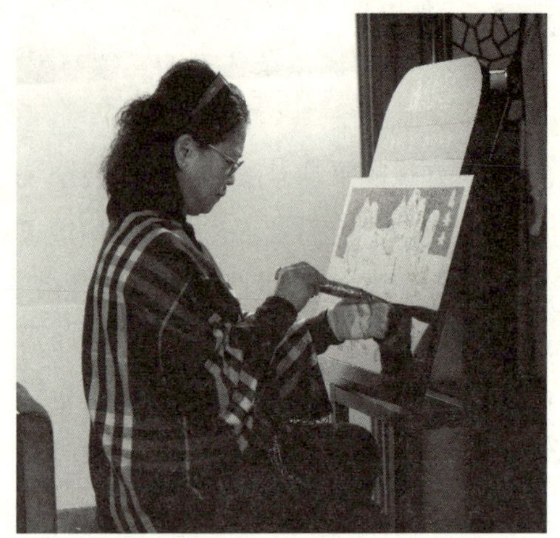

在园区雕刻影雕的工作照

在澳大利亚的旅游照

附录

李雅华创业、创作年表

创业年表

1989年,创立厦门惠和石雕工艺有限公司。

1999年,创立厦门惠和腾飞园林古建工程有限公司。

2004年,福建省妇女联合会授予李雅华“福建十佳创业女标兵”荣誉称号。

2005年,中国民营经济促进会授予李雅华“优秀民营企业创业家”荣誉称号。

2006年,中央电视台《半边天》栏目报道李雅华“雕刻人生”。

2007年,中央电视台《财富故事会》栏目报道“石门女将”。

2009年,厦门惠和石文化园开园。

2009年,创立厦门市湖里区石文化园工艺品店。

2010年,创立厦门市湖里区惠和影雕技艺传习中心。

2010年,创立厦门惠和腾飞石业有限公司。

2011年,创立厦门惠和园林古建设计有限公司。

2012年,创立厦门惠和文创旅游发展有限公司。

2014年,厦门闽南文化生态保护试验区工作领导小组授予李雅华“先进个人”荣誉称号。

2015年，股改创立厦门惠和股份有限公司，并登录新三板上市。

2016年，厦门文化改革发展工作领导小组办公室、《厦门日报》社授予李雅华“厦门文化产业年度风云榜年度人物”荣誉称号。

2017年，中共福建省委、福建省人民政府授予李雅华“金砖国家领导人第九届会晤优秀接待个人”荣誉称号。

2019年，厦门市妇联、《厦门日报》社授予李雅华“新中国70周年厦门70位优秀女性”荣誉称号。

2019年，入选“厦门市第十批拔尖人才”。

2020年，中央电视台《文化十分》栏目报道“绣在石头上的故事”。

2022年，全国妇联授予李雅华“第十三届全国家庭工作先进个人”荣誉称号。

2022年，启动惠和就业实践爱心基地。

创作年表

1995年，创作影雕作品《卡斯塔》。

1999年，创作影雕作品《兰闺雅集图》，该作品在2017年金砖厦门会晤上展示。

2004年，共青团福建省委、福建省文联、福建省青年商会及福建省民间文艺家协会授予李雅华“福建省青年民间工艺大师”称号。

2004年，共青团中央办公厅、中国民间文艺家协会授予李雅华“全国乡村青年民间工艺能手”称号。

2004年，创作影雕作品《纤夫》，该作品获“福建省首届青年民间工艺品制作大赛银奖”。

2008 年，创作影雕作品《八仙过海》《双虎图》《天道酬勤》，该系列作品入选“首届海峡妇女艺术精品展”。

2009 年，入选厦门市非物质文化遗产项目惠和影雕技艺代表性传承人。

2012 年，指导创作影雕作品《影雕镇尺》，该作品获厦门市旅游局“全球征集厦门旅游纪念品”活动优秀作品奖。

2013 年，创作影雕作品《指挥家郑小瑛》，该作品获第六届海峡两岸（厦门）文化产业博览交易会“中华优秀工艺作品奖”银奖、第五届厦门文学艺术奖优秀作品三等奖、第七届福建艺术节优秀民间艺术展优秀奖。

2014 年，创作影雕作品《荷趣》。

2014 年，入选福建省第三批非物质文化遗产项目惠安石雕（惠和影雕）代表性传承人。

2015 年，指导创作新式影雕摆件《水月观音》《飞天》《地藏菩萨》等。

2016 年，创作影雕作品《盼》，该作品获福建省第九届百花文艺奖三等奖。

2016 年，创作影雕作品《惠安女系列——夕阳落下》。

2016 年，指导创作影雕纪念品《石头女人》《盼归》《沉沉厝里情》等，该系列作品入选“最闽台伴手礼”。

2017 年，创作金砖国礼人物影雕作品《普京总统》《埃及总统夫人》等。

2017 年，指导创作影雕作品《盘龙图》，该作品获故宫主办的首届“紫禁城”杯文创大赛银奖。

2018 年，在美国波士顿市兰苏园举办个展，影雕作品《原波特兰市长 Vera Katz》被波特兰—苏州友好姐妹城市协会收藏，作品《小情人》被波特兰市市长 Ted Wheeler 及其夫人收藏。

2019 年，创作影雕作品《万婴之母林巧稚》，该作品为鼓浪屿毓园林巧稚纪念馆收藏。

2019 年，创作影雕作品《凤凰花开》，该作品参与央视《手艺中国》栏目厦门大学站展示。

2019 年，指导创作庆祝新中国成立 70 周年影雕作品《回望沧海　不朽丰碑》《军威雄壮》《铿锵玫瑰芳华绽放》《守护》等。

2019 年，受福建省非遗保护中心邀请为三坊七巷创作系列影雕作品《林徽因》。

2020 年，指导创作战疫影雕作品《国士无双——钟南山》《回家》等。

2020 年，创作人物影雕作品《王晓棠》，该作品被中国电影博物馆收藏。

2021 年，创作厦门大学百年校庆纪念影雕作品《邓子基》等。

2021 年，创作影雕作品《琴岛夜韵》，该作品被福建省美术馆收藏。

2021 年，创作抗疫英雄人物影雕作品《钟南山》《陈薇》《张伯礼》《张定宇》，该系列作品被福建省艺术馆非物质文化遗产博览园收藏。

2021 年，创作影雕作品《张澜与毛泽东》，该作品被重庆中国民主党派历史陈列馆收藏。

2021 年，指导创作厦门经济特区建设 40 周年纪念影雕作品《鼓浪屿》等。

后记

挑战与感恩

一

本书的撰写，对我来讲是一个巨大的挑战。

第一，我是一个门外汉。因为在惠和多年的顾问经验，也对惠和影雕的传承与保护工作比较了解，更为传承人李雅华的热情所深深打动，所以我也就责无旁贷、不知畏惧地接了任务。可是，我出身商科，一点史学和文学的学科背景都没有。一开始，我认为我的工作只是：李总口述，我记录，然后整理成册，所以凭借着一点点资料整理的能力就行。于是，我挽起袖子准备大干一场。但在我一番折腾之后，我碰到了很多问题，口述人时间零零散散、记忆断断续续，我甚至发现我连口述史是什么都不知道，顿时吓出一身冷汗。更让我沮丧的是，辛辛苦苦搜集的资料，能用的却不多。这个阶段的我，手忙脚乱，不知方向。

第二，多点感性，少点理性。慌乱的我，拿起了书，开始学习。后来，我才知道口述史的重要价值及其撰写过程的严谨性和技术性。陈老师也察觉到了我的问题，我提交的初稿，陈老师不忍心批评，肯定了一些小地方，同时含蓄地指出存在的问题，并对接下来要怎么做给予了针对性的指导，既有内容上的提点，更有技术上的辅导。陈老师是我的救星，更是我的强心剂。我又满怀信心地着手对初稿进行"分析"式地修改。我习惯了商科的理性思维，论点论据，条条框框，又是一番折腾之后，我发现初稿更加惨不忍睹。某些部分少了口语化特色，甚至没有了李总的个人色彩，语言生涩，更没有动人的故事。我跟陈老师说了我的困惑，他说"多点感性，少点理性"，真是一语惊醒梦中人！

第三，细节，细节，再细节。终于，整理出了比较像样的初稿了，但新的问题又出现了。事主的故事中，细节之处一笔带过，关键处轻描淡写。原来，对事主的访谈，在鼓励她多讲的基础上，却不能任凭她随意地讲，不要被事主牵着鼻子走，反而是要引导她，甚至需要不断地追问和叩问。于是，我又回到了访谈中，一些细节是很容易挖掘的，例如李总对小时候家乡的美好生活记忆深刻；但一些细节却要很艰难地去唤醒，李总的家庭矛盾，每每谈起，对她来讲都是再伤害一次、再伤心一次，有些她觉得"很丢脸"，有些她不愿意让子女知道。几次的访谈是在李总家里，和她的闺蜜在一起，她终于可以缓缓地谈起那段过往。李总说她总是选择性地遗忘一些不愉快的事情，但其实是她表述一次，就放下一次。对我而言，去追问她的这些细节，同样是艰难的。

第四，要拧干水分、再拧干水分。终于，好不容易整理了8万字的文稿，但陈老师又提出新的要求，"请注意拧干重复、啰唆、水分"，这对于只会平铺直叙、理性论证的我来说，又是一大挑战。"水分"太多，这个我也有自知之明，但捉襟见肘的字数再拧干就"缩水"了。相比较诗歌、小说，口述史对写作要求不高，但它仍然必须具备可读性，我只能皱着眉头去"拧干"它。这段时间，我有点困惑于口述史在记录与创作之间、在真实性与文学性之间如何处理和平衡，我想真实记录是基础和原则，但为了可读性还是必须进行"再加工"。另外，李总断断续续的叙事，也让我很头疼，这时候，还好有陈老师，他说："事主的叙述可能有些破碎，因你多年接触在她身边，对其性格、为人有所了解，可以进行符合逻辑的'填充'。"这给了我极大的安慰和指导。

最后，像李总拼搏事业一样"过五关斩六将"，在陈老师的一路"搀扶"下，我勉强完成了任务。

二

在本书撰写的过程中，我对当前中国"非遗"传承人及其工作有了新的认知。

李雅华有多种身份，老工匠、惠安女、企业家、传承人、女儿、母亲，她的人生有很多变化，离开惠安、重回祖业、与父亲决裂、投身文旅产业、登上世界舞台等，从工匠到企业家，从工艺师到传承人，但唯一不变的身份是她血脉里的坚守和雕琢。

一路走来，李雅华坚守影雕的核心技艺和非遗传承的活态性，例如：创建博物馆和艺术馆以提升影雕的艺术价值；在商业利益面前保持文化园的文化品位和公益性质；突破家族传承和原生态保护困境，推动非遗文化进校园、进社区、进景区、进展会、进直播间。围绕惠和影雕，李雅华在产业发展上披荆斩棘，在非遗保护上如履薄冰，在文化与商业的夹缝中生存，这是她最不容易的地方。

在惠和，我看到了老一辈工匠代际传承的艰难，看到了新一代传承人的不同视角，看到了传承群体的集体努力，看到了社区和年轻人对非遗保护的意义，看到了非遗活态流变的属性，看到了"人民非遗人民共享"的主旨……

丰富而生动的传承实践，引发了我很多思考。

在惠和影雕的传承过程中，李雅华作为代表性传承人起到了关键作用。但在李雅华的口述中，我们发现在这个过程中，同样起重要作用的还有其父辈、其子女，还有张小珍、黄惠清等惠和公司同仁们，还有各级非遗中心、文化馆、学校等机构以及广大关心非遗的媒体、设计等部门，更有惠安、厦门等众多社区。从这个角度讲，非遗传承人其实是一个群体。

从李雅华的作品和经历，我们看到了“精美的石头会唱歌”“石不语而最可人”。同时，我们也隐隐约约地感到成功背后的一些困惑。在惠和影雕的保护过程中，我们困惑于原生态保护和异地保护之争，我们困惑于生活化与产业化的困境。非遗是流变发展的，所以一方面传承人可能会离开原生态环境到异地发展，另一方面项目所依托的环境也在发生变化，甚至已不复存在。惠和影雕家族传承在厦门已历经近百年四代，非遗的核心要素是人，传承人在哪里，保护就应该在哪里。而且相比较惠安影雕的原生态保护，李雅华的保护实践更具活态性，她坚信让传统技艺产生价值是对其最好的保护，她的几段经历其实就是在不断探寻影雕的现代价值和生活运用。

再谈谈口述史。2011 年至今，我一直在惠和当管理顾问，经历了惠和石文化园起步到发展，一期到二期建设，从福建省非遗生产性保护示范基地到国家级非遗代表性项目的保护单位。李雅华是当代中国非遗保护实践的亲历者，我则是陪伴者和旁观者。我承担着“留下记录”的使命，面临着“叙事者偏好”的诱惑，体验着“言说转换”的纠结……所幸，它已完稿。

最后是感恩与抱歉。

成书过程中，得到了厦门作家协会副主席、著名作家夏炜老师的大力协助，他在百忙中拨冗通读了全文，不仅提出许多宝贵意见与建议，甚至亲自做了修订，在此表达万分谢意！

很幸运能参与陈老师的团队，如果没有陈老师的温柔推动和对我的不离不弃，我是没办法完成这部口述史的。

很荣幸能为传承人李雅华做记录，与李总已成为像家人一样的朋友，是李总带着我来到了当代中国“非遗”保护的前沿阵地。

本人学识浅薄，在口述史撰写上仍是一个门外汉，在“非遗”研究上还处在学习和探索的道路上，所以书中难免存在遗漏和不足，还望读者见谅和批评指正。

黄俊毅

2022 年 2 月